KOMPLETNY PRZEWODNIK PO SUSZARCE

100 PRZEPISÓW NA SUSZENIE WARZYW, MIĘSA, OWOCÓW I NIE TYLKO

Helena Michalska

Wszelkie prawa zastrzeżone.

Zastrzeżenie

Informacje zawarte w tym eBooku mają służyć jako obszerny zbiór strategii, na temat których autor tego eBooka przeprowadził badania. Streszczenia, strategie, wskazówki i triki są zalecane tylko przez autora, a przeczytanie tego eBooka nie gwarantuje, że czyjeś wyniki będą dokładnie odzwierciedlać wyniki autora. Autor eBooka dołożył wszelkich uzasadnionych starań, aby zapewnić aktualne i dokładne informacje dla czytelników eBooka. Autor i jego współpracownicy nie ponoszą odpowiedzialności za jakiekolwiek niezamierzone błędy lub pominięcia, które mogą zostać znalezione. Materiał w eBooku może zawierać informacje od osób trzecich. Materiały osób trzecich zawierają opinie wyrażone przez ich właścicieli. W związku z tym autor eBooka nie ponosi odpowiedzialności za materiały lub opinie osób trzecich.

Książka elektroniczna jest chroniona prawami autorskimi © 2022 z wszelkimi prawami zastrzeżonymi. Redystrybucja, kopiowanie lub tworzenie prac pochodnych na podstawie tego eBooka w całości lub w części jest nielegalne. Żadna część tego raportu nie może być reprodukowana ani retransmitowana w jakiejkolwiek formie reprodukowanej lub retransmitowanej w jakiejkolwiek formie bez pisemnej wyraźnej i podpisanej zgody autora.

SPIS TREŚCI

SPIS TREŚCI..3

WPROWADZANIE..7

SYROPY I GALARETKI...9
   1. Syrop jagodowo-bazyliowy..10
   2. Pektyna z miąższem cytrusowym..13
   3. Galaretka z różowego grejpfruta..15

SOSY I DRESSINGI..17
   4. Miód z imbirem i cytryną..18
   5. Sos BBQ Miodowo Brzoskwiniowy..21
   6. Masło gruszkowe z przyprawami do powolnego gotowania......24
   7. Domowe Pieczone Masło Orzechowe...26
   8. Kremowy dressing do sałatek z ogórków..................................28

WARZYWA W PROSZKU..30
   9. Proszek Pomidorowy..31
   10. Sproszkowany Słodki Ziemniak..33
   11. Sól z selera..36
   12. Mieszanka zielonego proszku..38

OWOCE SUSZONE..40
   13. Wiórki kokosowe..41
   14. Mąka kokosowa..43
   15. Truskawkowe Roladki Bananowe...46
   16. Cynamonowa Skóra Jabłkowa..49
   17. Skóra z ciasta dyniowego..52
   18. Pizza Mieszanka Pomidor Skóra...54
   19. Mieszana skóra warzywna...56
   20. Wrapy Pomidorowe..59

MIESZANKI PRZYPRAWOWE..61

21. Mieszanka przypraw Cajun...62
22. Mieszanka przypraw do steków..64
23. Mieszanka przypraw do pizzy..66
24. Mieszanka przypraw kreolskich...68
25. Przyprawa ziołowa..70
26. Mieszanka ziół etiopskich (berbera)..72
27. Mieszanka do sałatek ziołowych..75
28. Ocet z ziół mieszanych..78
29. Pesto z ziół mieszanych...80
30. Marynata musztardowo-ziołowa..82
31. Ziołowy sos deserowy..84
32. Sos z ziół cytrusowych...86
33. Sos domowo-ziołowy..88
34. Mieszanka ziół prowansalskich...90
35. Marynata ziołowo-olejowa..92
36. Łatwe octy ziołowe..94
37. Pesto szczawiowo-szczypiorkowe...96
38. Sos ogórkowo-ziołowy..99
39. Ziołowy pekan pocierać..101
40. Ziołowy dressing pikantny..103
41. Czosnkowo-cytrynowo-ziołowy pocierać...105
42. Dolce latté dip ziołowy...107
43. Mieszanka ziół francuskich...110
44. Masło ziołowo-korzenne...112
45. Ziołowy dressing warzywny..114
46. Dip bekonowo-pomidorowo-ziołowy..116
47. Pasta z ziela czosnku...118
48. Chevre z rozłożonymi ziołami...120

WOŁOWINA..122

49. My Classic Beef Jerky..123
50. Stek wołowy Jerky...126

ZUPA..129

51. Zupa kalafiorowa..130
52. Zupa szparagowa...133

53. Zupa Warzywna Termos 136

ODWADNIONE FRYTKI **139**

54. Słodkie Chipsy Ziemniaczane 140
55. Chipsy z jarmużu 142
56. Chipsy z cukinii 144
57. Odwodnione marynaty do lodówki 147
58. Chipsy prosciutto 150
59. Chipsy buraczane 152
60. Chipsy jęczmienne 154
61. Cheddar mexi-melt chipsy 157
62. Chipsy Pepperoni 159
63. Anielskie chipsy 161
64. Chipsy z kurczaka satay 163
65. Skórka z kurczaka z awokado 166
66. Chipsy warzywne z parmezanem 168
67. Chipsy kokosowe z ciasta dyniowego 170
68. Chipsy ze skóry kurczaka Alfredo 172

WARZYWA **174**

69. Naleśniki z mąki kokosowej ze słodkich ziemniaków 175
70. Gołąbki z kapustą wolnowarową 178
71. Smażony Zimowy Dynia z Jabłkami 181
72. Odwodnione gniazda do dyni zimowych 184
73. Gniazda do dyni czosnkowej z przyprawami kreolskimi . 186
74. Fajita Fajita i Ryż 189
75. Ryżowe ciasto do pizzy z kalafiora 192
76. Mieszanka haszyszowo brązowa w słoiku 195
77. Szybki Brązowy Ryż 198
78. Fasola do szybkiego gotowania 200
79. Fasolka po bretońsku pani B 202
80. Meksykańska Fiesta Pieczenie 204

NAPÓJ **207**

81. Herbata Różana Miętowa 208
82. Mieszanka herbaty pomarańczowo-miętowej 210

83. Herbata Słoneczko z Cytryną Werbeną 212
84. Lemoniada z Suszonymi Cytrusami 214

DESER **216**

85. Chrupiące Jabłko z Dodatkiem Owsianym 217
86. Niskotłuszczowe Ciasto Ananasowe 220
87. kandyzowany imbir 223
88. Ciasteczka owsiane figowe 226

MARYNADY **229**

89. Sos ranczo czosnkowy 230
90. Sos z czerwonej cebuli i kolendry 232
91. Dilly ranczo z kremowym dressingiem 234
92. Gorący sos cha cha 236
93. Vinaigrette w stylu Cajun 238
94. winegret musztardowy 240
95. Vinaigrette imbirowo-pieprzowy 242
96. winegret cytrusowy 244
97. Biały pieprz i goździki pocierać 246
98. Chili suche pocierać 248
99. Mieszanka przypraw Bourbon 250
100. Łatwe octy ziołowe 252

WNIOSEK **254**

WPROWADZANIE

W średniowieczu ludzie w Europie budowali pomieszczenia jako przedłużenie gorzelni, które zostały specjalnie zaprojektowane do odwadniania żywności przez ciepło ognia w pomieszczeniu. Jedzenie było rozwieszone po pokoju, wędzone i suszone. Brak światła słonecznego i suche dni uniemożliwiały suszenie jedzenia na zewnątrz, a te specjalistyczne domy rozwiązały problem ludzi żyjących w chłodnym, wilgotnym klimacie.

W połowie XIX wieku opracowano proces, dzięki któremu warzywa można było suszyć w temperaturze 105 ° F i prasować w ciasta. Te suszone warzywa były pożądanym źródłem pożywienia dla żeglarzy, którzy cierpieli podczas długich rejsów bez świeżego jedzenia. Podczas II wojny światowej żołnierze podczas służby na polu bitwy używali odwodnionej żywności jako lekkich racji żywnościowych. Znamy je dzisiaj jako „posiłki gotowe do spożycia" (MRE). Po wojnie gospodynie domowe nie spieszyły się z wprowadzaniem tego zwartego, ale często bezsmakowego jedzenia do swoich codziennych czynności kulinarnych, a odwodnione jedzenie wypadło z łask.

Jako prepper, który jest również ogrodnikiem, chciałbym zabrać moje preparaty ze spiżarni poza fasolę, ryż, pszenicę i sproszkowane jajka. Odwodnienie mojego daru w ogrodzie wypełnia lukę pozostawioną przez żywność, której nie można puszkować i zamrażarkę podatną na przerwy w dostawie prądu. Czysta woda i ogień to jedyne rzeczy, które dzielą moją rodzinę od gorącego posiłku przygotowanego z suszonych składników.

Ta książka jest przeznaczona nie tylko dla doświadczonych ogrodników, sumiennych przygotowujących i doświadczonych konserwatorów. Jest dla każdego, kto kocha świeżą żywność i chce mieć wpływ na jej konserwację. Aby dostosować się do dzisiejszego aktywnego stylu życia, odwadnianie musi łatwo wpasować się w codzienną rutynę, zajmować jak najmniej czasu i wymagać minimalnej ilości czasu na przygotowanie. Łącząc kupowanie hurtowe z partiami sesji wekowania, a także wydajną suszarką, możesz suszyć żywność do codziennego użytku.

SYROPY I GALARETKI

1. Syrop jagodowo-bazyliowy

Wydajność: 3 filiżanki

Czas przygotowania: 10 minut

Czas gotowania: 10 minut

SKŁADNIKI

2 szklanki suszonych jagód

2 szklanki cukru

¼ szklanki suszonych liści bazylii

⅛ łyżeczka kwasu askorbinowego

DOJAZD

1. Aby zrobić sok z jagód, ugotuj odwodnione jagody w 2½ szklanki wody na niereaktywnej patelni. Doprowadzić do wrzenia i gotować na wolnym ogniu przez 10 minut, mieszając i rozgniatając owoce podczas gotowania. Przecedź przez durszlak, aby usunąć jagody. Odłóż jagody.

2. Połącz sok z jagód, cukier i liście bazylii w rondlu i zagotuj. Zmniejsz ogień i gotuj przez 5 minut. Usuń pianę.

3. Zdejmij rondel z ognia i odcedź liście bazylii.

4. Opcjonalnie, jeśli lubisz kawałki jagód w swoim syropie, odcedź syrop z powrotem do rondla i dodaj jagody. Dusić przez 2 minuty.

5. Zdejmij rondel z ognia i dodaj kwas askorbinowy. Mieszaj, aby połączyć.

6. Gotowy syrop wlać do wysterylizowanych słoików, zamknąć i opatrzyć etykietą. Ten syrop może być użyty od razu lub przechowywany w butelkach typu swing-top do roku z dodatkiem kwasu askorbinowego lub 6 miesięcy bez niego. Zmniejszenie zawartości cukru skróci okres przydatności do spożycia. Wszystkie otwarte butelki można przechowywać w lodówce do 2 tygodni.

2. Pektyna z miąższem cytrusowym

Wydajność: 2 filiżanki

Czas przygotowania: 5 minut

Czas gotowania: 20 minut plus czas odpoczynku

SKŁADNIKI

½ funta miąższu cytrusów i nasion

¼ szklanki soku z cytrusów, np. z cytryny

DOJAZD

1. Użyj obieraczki do warzyw, aby usunąć skórkę z owoców. Zachowaj skórę do odwodnienia.

2. Użyj obieraczki do warzyw, aby usunąć miąższ. Posiekaj miąższ i odłóż na bok razem z nasionami.

3. Dodaj miąższ, nasiona i sok z cytrusów do średniego, niereagującego garnka. Odstawić garnek na godzinę.

4. Dodaj 2 szklanki wody i odstaw na kolejną godzinę.

5. Doprowadź składniki garnka do wrzenia na dużym ogniu. Zmniejsz ogień i gotuj przez 15 minut. Schłodzić do temperatury pokojowej.

6. Umieść mieszaninę w torebce z galaretką i pozwól jej odsączyć. Naciśnij, aby usunąć sok.

7. Przechowuj dodatkową pektynę w zamrażarce.

3. Galaretka z różowego grejpfruta

Wydajność: 2 filiżanki

Czas przygotowania: 15 minut

Czas gotowania: 30 minut

SKŁADNIKI

4 garście odwodnionych skórek lub krążków z różowego grejpfruta

2 szklanki zimnej wody

1½ szklanki cukru

DOJAZD

1. W dużej misce umieść skórki lub krążki grejpfruta i zalej zimną wodą, aż będą pulchne, około 15 minut. Odcedź i zachowaj płyn grejpfrutowy.

2. Pokrój uwodniony grejpfrut na małe kawałki.

3. Odmierz ½ funta posiekanych kawałków grejpfruta i dodaj do niereagującego garnka wraz z zarezerwowaną wodą i cukrem. W razie potrzeby dodaj tyle wody, aby przykryć kawałki grejpfruta. Gotuj do całkowitego ugotowania, 30 minut.

4. Odcedź przez torebkę z galaretką. Pozostawić do ostygnięcia i wycisnąć cały płyn.

SOSY I DRESSINGI

4. Miód z imbirem i cytryną

Wydajność: 1 szklanka

Czas przygotowania: 5 minut plus 2 tygodnie oczekiwania

SKŁADNIKI

1 łyżka suszonego imbiru

1 łyżeczka suszonych skórek cytrusowych

1 szklanka surowego, niefiltrowanego, niepasteryzowanego miodu, lekko podgrzanego

DOJAZD

1. Suszony imbir i cytrusy włóż do młynka do kawy i posiekaj, aby uwolnić aromatyczne smaki.

2. Włóż imbir i cytrusy do torebki na herbatę lub kwadratu z gazy i zawiąż sznurkiem, aby torebka/serówka pozostały zamknięte. (Prawie niemożliwe jest zbieranie suszonych ziół z miodu.)

3. W półlitrowym słoiku wlej trzy czwarte lekko podgrzanego miodu na wierzch torebki z ziołami. Użyj pałeczek lub szpikulca do wymieszania miodu, usuń bąbelki powietrza i upewnij się, że torebka z ziołami jest całkowicie zwilżona.

4. Uzupełnij słoik pozostałym miodem. Mocno zakręcić pokrywkę. Umieść słoik z dala od bezpośredniego światła słonecznego, w miejscu, w którym będziesz mógł monitorować proces.

5. Pozostawić aromaty na 2 tygodnie. Jeśli masz problem z wypłynięciem torebki z przyprawami na powierzchnię, odwróć słoik do góry nogami. Dzięki temu smaki będą zanurzone i delikatnie wymiesza się miód.

6. Po 2 tygodniach wyjmij torebkę herbaty i przechowuj miód w spiżarni przez okres do roku.

5. Sos BBQ Miodowo Brzoskwiniowy

Wydajność: 1 szklanka

Czas przygotowania: 30 minut

Czas gotowania: 20 minut

SKŁADNIKI

16 plasterków suszonych brzoskwiń lub 1 szklanka świeżych pokrojonych brzoskwiń

2 łyżeczki oliwy z oliwek

1 szklanka posiekanej cebuli

1 łyżeczka soli

1 łyżeczka proszku chipotle

¼ łyżeczki mielonego kminku

szczypta ziela angielskiego

¼ szklanki miodu

4 łyżeczki octu jabłkowego

DOJAZD

1. Włóż brzoskwinie do dużej miski, zalej ciepłą wodą i moczyć przez 30 minut. Odcedź i wylej płyn do namaczania. Z grubsza posiekaj uwodnione brzoskwinie. i odłóż na bok.

2. Posmaruj dno średniego rondla oliwą z oliwek. Na średnim ogniu dodaj cebulę i smaż, aż zmięknie i zacznie się brązowieć, 5 minut.

3. Dodaj sól, chipotle, kminek i ziele angielskie i gotuj, aż przyprawy pachną, około 30 sekund.

4. Dodaj uwodnione brzoskwinie, miód i ocet i wymieszaj, aby pokryć.

5. Przykryj rondel, zwiększ ogień na średnio wysoki i gotuj, aż brzoskwinie będą całkowicie miękkie i rozpadną, 15 minut.

6. Przenieś do blendera na puree lub użyj blendera zanurzeniowego. Dodaj dodatkowy ocet jabłkowy, aby uzyskać rzadszy sos.

6. Masło gruszkowe z przyprawami do powolnego gotowania

Wydajność: 3 filiżanki

Czas przygotowania: 1 godzina

Czas gotowania: 4 do 8 godzin

SKŁADNIKI

1 funt suszonych kawałków gruszki

¼ szklanki brązowego cukru

1 łyżka cynamonu

1 łyżeczka mielonego imbiru

½ łyżeczki mielonej gałki muszkatołowej

DOJAZD

1. Włóż osuszone gruszki do wolnowaru i dodaj tyle wody, aby przykryć owoce. Gotuj na małym ogniu przez 1 godzinę bez pokrywki, aż gruszki się nawodnią.

2. Dodaj pozostałe składniki do wolnowaru, wymieszaj do połączenia i przykryj.

3. Gotuj przez 4 godziny na wysokich obrotach lub 6 do 8 godzin na niskich obrotach.

4. Użyj blendera zanurzeniowego do zmiksowania mieszanki lub przenieś do blendera i mieszaj w małych partiach.

5. Przechowywać w lodówce do 3 tygodni.

7. Domowe Pieczone Masło Orzechowe

Wydajność: ½ szklanki

Czas przygotowania: 20 minut

Czas gotowania: 5 minut

SKŁADNIKI

2 szklanki suszonych orzeszków ziemnych

kochanie, do smaku

DOJAZD

1. Rozgrzej piekarnik do 300 ° F.

2. Rozłóż orzeszki ziemne o grubości nie większej niż ½ cala na blasze do pieczenia. Piecz przez 20 minut. Odpowiednio upieczone będą lekko zarumienione i będą miały posmak orzeszków ziemnych, orzechowy i przyjemny, a nie fasolowy.

3. W robocie kuchennym zmiel prażone orzeszki ziemne, aż powstanie masło, około 5 minut. Zeskrob boki i dodaj miód do smaku, miksując jeszcze minutę, aż uzyska pożądaną konsystencję. Dodatkowy olej roślinny lub arachidowy można dodać, jeśli chcesz cieńsze masło orzechowe.

8. Kremowy dressing do sałatek z ogórków

Wydajność: 2 filiżanki

Czas przygotowania: 15 minut

SKŁADNIKI

1 szklanka suszonych chipsów z ogórka

½ szklanki suszonej zielonej cebuli

½ łyżeczki suszonego czosnku

¾ szklanka lekkiej kwaśnej śmietany

1 łyżka lekkiego majonezu

1 łyżka soku z cytryny

1 łyżeczka suszonego koperku, bazylii lub pietruszki

DOJAZD

1. W dużej misce umieścić chipsy z ogórka i cebulę, zalać zimną wodą i moczyć przez 15 minut. Odcedź i wylej płyn do namaczania.

2. Zmiksuj uwodnione warzywa i pozostałe składniki w blenderze lub małym robocie kuchennym, aż będą gładkie.

3. Dodaj odrobinę mleka, jeśli opatrunek wymaga rozcieńczenia.

WARZYWA W PROSZKU

9. Proszek Pomidorowy

Wydajność: ⅔ filiżanka

Czas przygotowania: 5 minut

SKŁADNIKI

1 szklanka suszonych pomidorów, podzielona

DOJAZD

1. W partiach ¼ filiżanki zmiel suszone pomidory w robocie kuchennym, blenderze lub młynku do kawy, aż pomidory osiągną formę proszku.

2. Przenieś do sitka i za pomocą szpatułki przesuwaj kawałki, aż proszek spadnie przez siatkę.

10. Sproszkowany Słodki Ziemniak

Wydajność: 2 szklanki zacieru, ½ szklanki proszku

Czas przygotowania: 60 minut

Czas gotowania: od 5 do 8 godzin

SKŁADNIKI

2 funty słodkich ziemniaków

DOJAZD

1. Obierz słodkie ziemniaki lub zostaw skórę, aby uzyskać dodatkowe korzyści odżywcze. Pokroić w cienkie paski. Gotuj przez 10 do 15 minut, aż słodkie ziemniaki zmiękną, odcedź i zachowaj płyn do gotowania. Ewentualnie upiecz w całości i pokrój paski po ugotowaniu.

2. Zetrzyj słodkie ziemniaki na gładką konsystencję. Rozcieńczyć wodą, najlepiej do gotowania płynem, jeśli to konieczne.

3. Rozłóż ½ szklanki zacieru ziemniaczanego na każdym arkuszu Paraflexx, tacce wyłożonej folią lub na arkuszach ze skóry owocowej. Rozprowadź BARDZO cienko.

4. Suszyć w 135 ° F przez 4 do 6 godzin. Gdy wierzch jest suchy, odwróć arkusze słodkich ziemniaków, zdejmij opakowanie z tacy i susz spód przez kolejne 1 do 2 godzin, jeśli to konieczne.

5. Przestań suszyć, gdy arkusze słodkich ziemniaków są chrupiące, a produkt kruszy się.

6. Zrób proszek, dodając odwodnioną korę ze słodkich ziemniaków do blendera lub robota kuchennego i miksując.

11. Sól z selera

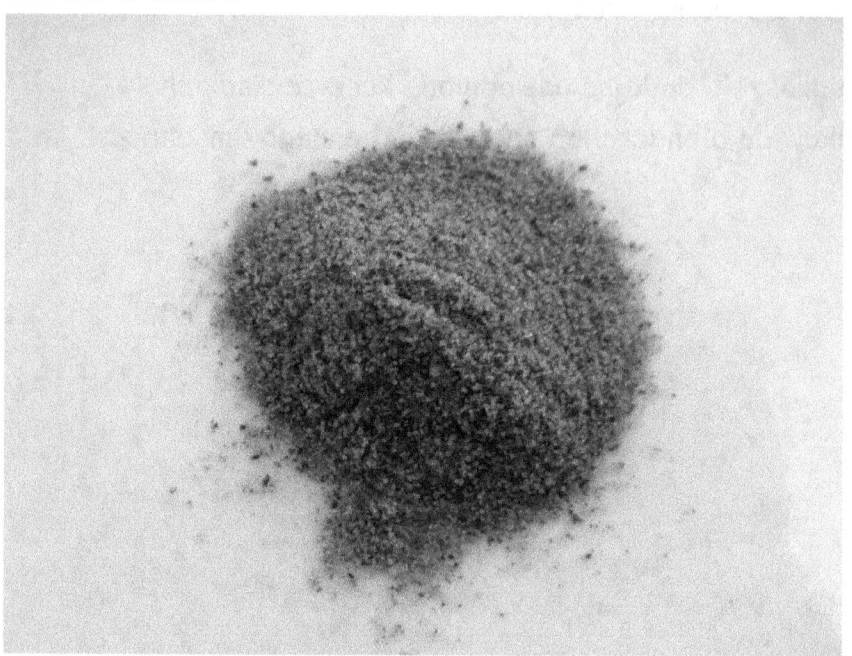

Wydajność: 1 szklanka

Czas przygotowania: 5 minut

SKŁADNIKI

½ szklanki suszonych łodyg i liści selera

½ szklanki soli koszernej plus więcej w razie potrzeby

DOJAZD

1. Zmiel seler w młynku do kawy lub robocie kuchennym na drobno zmielony.

2. Dodaj sól koszerną i mieszaj krótkimi porcjami przez minutę, aż mieszanina osiągnie pożądaną konsystencję. Pobaw się proporcjami soli i selera, aby dopasować się do Twojego gustu.

12. Mieszanka zielonego proszku

Wydajność: 2 szklanki proszku

Czas przygotowania: 5 minut

Czas gotowania: 4 do 8 godzin

SKŁADNIKI

6 filiżanek świeżych liści szpinaku

6 filiżanek świeżych liści jarmużu

DOJAZD

1. Nie ma potrzeby przycinania liści warzyw przed suszeniem; jednak możesz chcieć usunąć twarde żebra, łodygi i nasiona.

2. Osusz warzywa w temperaturze 100°F i zacznij sprawdzać suchość po 4 godzinach. W zależności od wielkości liści i ich grubości może to potrwać do 8 godzin.

3. Po wyschnięciu przetrzyj liście w dłoniach, aby rozbić je na mniejsze kawałki. Zmiel kawałki w robocie kuchennym, blenderze lub młynku do kawy, aż zielenie osiągną formę proszku. Przecedź proszek przez sito. Ponownie zmiksuj duże kawałki, aż wszystko będzie sproszkowane.

OWOCE SUSZONE

13. Wiórki kokosowe

Wydajność: od 2 do 3 filiżanek

Czas przygotowania: 20 minut

Czas gotowania: 6 do 10 godzin

SKŁADNIKI

1 mały świeży kokos, łuskany

DOJAZD

1. Zrób dziurkę w wierzchu kokosa i spuść mleko.

2. Za pomocą młotka przełam orzech kokosowy na pół wzdłuż środka. Usuń twardą powłokę zewnętrzną.

3. Usuń miękką membranę zewnętrzną za pomocą obieraczki do warzyw lub ostrego noża.

4. Zetrzyj świeże mięso kokosowe na kilka sposobów.

5. Suszyć małe i średnie strzępy na tacy odwadniacza w temperaturze 110°F przez 6 do 8 godzin. Grube wiórki kokosowe mogą potrwać do 10 godzin.

14. Mąka kokosowa

Wydajność: ½ szklanki

Czas przygotowania: 5 minut

Czas gotowania: od 2 do 4 godzin

SKŁADNIKI

1 szklanka posiekanego orzecha kokosowego (strona 96)

2 szklanki wody

DOJAZD

1. Umieść posiekany kokos w blenderze z 2 szklankami wody. Miksuj na wysokich obrotach, aż kokos zostanie drobno posiekany.

2. Odcedź mleko przez torebkę z galaretką; oszczędzaj do picia.

3. Weź miazgę, rozłóż ją na arkuszu do odwadniania Paraflexx i susz w temperaturze 110°F przez 2 do 4 godzin.

4. Po wysuszeniu przetwórz odwodnioną miazgę na drobny proszek. Ta mąka kokosowa będzie miała mniej tłuszczu, a także będzie wymagać więcej wody lub jajek, gdy jest używana w przepisach.

Odmiana: Możesz pominąć wodę i rozdrobnić wiórki kokosowe w małych partiach w blenderze, aż uzyskają konsystencję drobnego proszku. Ta mąka ma wyższą zawartość tłuszczu i nie będzie tak suszona w przepisach.

15. Truskawkowe Roladki Bananowe

Wydajność: 3 duże tace, 24 rolki

Czas przygotowania: 10 minut

Czas gotowania: od 6 do 8 godzin

SKŁADNIKI

2 funty truskawek, łuskanych

3 średniej wielkości dojrzałe banany

miód (opcjonalnie)

woda lub sok owocowy w zależności od potrzeb

DOJAZD

1. Pokrój truskawki na ćwiartki, a następnie dodaj do blendera.

2. Połam banany na 2-calowe kawałki, a następnie dodaj do blendera.

3. Dodaj miód do smaku, jeśli chcesz.

4. Postępując zgodnie ze wskazówkami dotyczącymi zakazu gotowania dla skór owocowych na stronie 38, zmiksuj owoce na gładką konsystencję. W razie potrzeby dodaj wodę lub sok w porcjach po 1 łyżce stołowej, aby rozcieńczyć miksturę.

5. Przykryj tacki suszarki plastikową tacą ze skóry owocowej lub folią foliową. Nałóż mieszankę w równych ilościach na tacki do

odwadniania. Przykryj pokrywkami na tacki lub folią. Suszyć w 125°F przez 6 do 8 godzin.

16. Cynamonowa Skóra Jabłkowa

Wydajność: 4 duże tace, 36 rolek

Czas przygotowania: 40 minut

Czas gotowania: 6 do 10 godzin

SKŁADNIKI

8 słodkich jabłek, obranych i wydrążonych

1 szklanka wody

mielony cynamon do smaku

2 łyżki soku z cytryny

cukier do smaku (opcjonalnie)

DOJAZD

1. Z grubsza posiekaj jabłka. Dodaj jabłka i wodę do dużego garnka. Przykryj i gotuj na średnim ogniu przez 15 minut.

2. Rozgnieć jabłka w garnku, a następnie dodaj cynamon, sok z cytryny i cukier, jeśli używasz. Gotuj przez 10 minut.

3. Pozwól, aby mieszanina ostygła, a następnie przepuść małe porcje jabłek przez blender lub młynek do żywności, aż utworzy się jednorodne puree.

4. Przykryj tacki suszarki plastikową tacą ze skóry owocowej lub folią. Rozłóż puree na tackach do odwadniania, aby utworzyć

warstwę o grubości ¼ cala. Przykryj pokrywkami na tacki lub folią. Suszyć w 125°F przez 6 do 10 godzin.

17. Skóra z ciasta dyniowego

Wydajność: 3 duże tace, 24 rolki

Czas przygotowania: od 5 do 20 minut przy użyciu dyni w puszkach; 40 do 60 minut na świeżą dynię

Czas gotowania: 8 do 10 godzin

SKŁADNIKI

1 (29 uncji) puszka dyni lub 3 szklanki świeżej dyni, ugotowanej i przetartej

¼ szklanki miodu

¼ szklanki musu jabłkowego

2 łyżeczki mielonego cynamonu

½ łyżeczki mielonej gałki muszkatołowej

½ łyżeczki sproszkowanych goździków

½ łyżeczki mielonego imbiru

DOJAZD

1. Wymieszaj wszystkie składniki w dużej misce, aż powstanie puree.

2. Przykryj tacki suszarki plastikową tacą ze skóry owocowej lub folią. Rozłóż puree na tackach do odwadniania, aby utworzyć warstwę o grubości ¼ cala. Przykryj pokrywkami na tacki lub folią. Suszyć w 130°F przez 8 do 10 godzin.

18. Pizza Mieszanka Pomidor Skóra

Wydajność: 2 duże tace, 16 rolek

Czas przygotowania: 40 minut

Czas gotowania: 8 do 12 godzin

SKŁADNIKI

1 funt pomidorów wydrążonych i pokrojonych na ćwiartki

½ łyżki mieszanki przypraw do pizzy (opcjonalnie)

DOJAZD

1. Gotuj pomidory w przykrytym średnim rondlu na małym ogniu przez 15 do 20 minut. Zdejmij z ognia i pozostaw do ostygnięcia na kilka minut.

2. Zmiksuj ugotowane pomidory w blenderze lub robocie kuchennym, aż będą gładkie. Dodaj przyprawy, jeśli używasz, i zmiksuj.

3. Włóż puree do rondla i podgrzewaj, aż woda wyparuje, a sos zgęstnieje.

4. Przykryj tace suszarki plastikową tacą ze skóry owocowej lub folią plastikową. Rozłóż przecier pomidorowy na tackach do odwadniania, aby utworzyć warstwę o grubości ¼ cala. Przykryj pokrywkami na tacki lub folią. Suszyć w 135 ° F przez 8 do 12 godzin.

19. Mieszana skóra warzywna

Wydajność: 1 duża taca, 8 rolek

Czas przygotowania: 40 minut

Czas gotowania: 4 do 8 godzin

SKŁADNIKI

2 szklanki pomidorów wydrążonych i pokrojonych na kawałki

1 mała cebula, posiekana

¼ szklanki posiekanego selera

1 gałązka bazylii

sól dla smaku

DOJAZD

1. Gotuj wszystkie składniki w przykrytym średnim rondlu na małym ogniu przez 15 do 20 minut. Zdejmij z ognia i pozostaw do ostygnięcia na kilka minut.

2. Dodaj do blendera i zmiksuj, aż będzie gładkie.

3. Włóż puree do rondla i podgrzewaj, aż woda wyparuje, a sos zgęstnieje.

4. Przykryj tacki suszarki plastikową tacą ze skóry owocowej lub folią. Rozłóż puree na tackach do odwadniania, aby utworzyć warstwę o grubości ¼ cala. Przykryj pokrywkami na tacki lub folią. Suszyć w temperaturze 135 ° F, aż będzie giętki (do

owijania), około 4 godzin lub aż będzie chrupiący (do zup i zapiekanek), 6 do 8 godzin.

20. Wrapy Pomidorowe

Wydajność: 2 duże tace, 6 zawinięć

Czas przygotowania: 5 minut

Czas gotowania: 4 godziny

SKŁADNIKI

2 funty pomidorów, wydrążonych i posiekanych

przyprawy do smaku

DOJAZD

1. Zmiksuj świeże pomidory w blenderze lub robocie kuchennym, aż będą gładkie.

2. Dodaj przyprawy według potrzeb.

3. Przykryj tacki suszarki plastikową tacą ze skóry owocowej lub folią. Rozłóż puree na tackach do odwadniania, aby utworzyć warstwę o grubości ¼ cala. Przykryj pokrywkami na tacki lub folią. Suszyć w 125°F, aż będzie giętki i można go wyjąć z tac, ale nie będzie chrupiący, około 4 godzin.

MIESZANKI PRZYPRAWOWE

21. Mieszanka przypraw Cajun

Wydajność: 1½ filiżanki

SKŁADNIKI

¼ szklanki proszku czosnkowego

¼ szklanki koszernej lub morskiej soli

½ szklanki papryki

2 łyżki pieprzu

2 łyżki cebuli w proszku

2 łyżki suszonego oregano

1 łyżka suszonego tymianku

1 łyżka stołowa proszku cayenne (opcjonalnie)

DOJAZD

Wymieszaj wszystkie składniki w słoiku z wystarczającą ilością miejsca, aby wstrząsnąć składnikami.

22. Mieszanka przypraw do steków

SKŁADNIKI

2 łyżki grubej soli

1 łyżka papryki

1 łyżka kolendry

1 łyżka gorczycy

½ łyżki nasion kopru

½ łyżki płatków czerwonej papryki

DOJAZD

Wymieszać i przepuścić przez młynek do przypraw lub młynek do kawy, aby uzyskać proszek. Użyj ½ łyżki stołowej na 1½ funta mięsa.

23. Mieszanka przypraw do pizzy

SKŁADNIKI

1½ łyżeczki suszonej bazylii

1½ łyżeczki suszonego oregano

1½ łyżeczki suszonej cebuli

1½ łyżeczki suszonego rozmarynu

½ łyżeczki suszonego tymianku

½ łyżeczki proszku czosnkowego

½ łyżeczki soli

½ łyżeczki płatków czerwonej papryki

DOJAZD

Wymieszać i przepuścić przez młynek do przypraw lub młynek do kawy, aby uzyskać proszek. Użyj ½ łyżki stołowej na funt pomidorów.

24. Mieszanka przypraw kreolskich

Wydajność: około ½ szklanki

SKŁADNIKI

1 łyżka cebuli w proszku

1 łyżka czosnku w proszku

1 łyżka suszonej bazylii

½ łyżki suszonego tymianku

½ łyżki czarnego pieprzu

½ łyżki białego pieprzu

½ łyżki pieprzu cayenne

2½ łyżki papryki

1½ łyżki soli

DOJAZD

W małej misce wymieszać cebulę w proszku, czosnek w proszku, suszoną bazylię, suszony tymianek, pieprz, paprykę i sól. Dokładnie wymieszać.

25. Przyprawa ziołowa

Wydajność: 1 porcja

SKŁADNIK

½ łyżeczki mielonej ostrej papryki

1 łyżka czosnku w proszku

1 łyżeczka Każda suszona bazylia, suszony majeranek, suszony tymianek, suszona pietruszka,

Suszony cząber, buzdygan, cebula w proszku, świeżo zmielony czarny pieprz, sproszkowana szałwia.

KIERUNKI:

Połącz składniki, Przechowuj w szczelnym pojemniku w chłodnym, suchym, ciemnym miejscu do sześciu miesięcy.

26. Mieszanka ziół etiopskich (berbera)

Wydajność: 1 porcja

SKŁADNIK

2 łyżeczki Całe nasiona kminku

4 każdy Całe goździki

¾ łyżeczka nasion czarnego kardamonu

½ łyżeczki Całe czarne ziarna pieprzu

¼ łyżeczki Całe ziele angielskie

1 łyżeczka nasion kozieradki

½ łyżeczki Całe nasiona kolendry

10 małych suszonych czerwonych papryczek chili

½ łyżeczki startego imbiru

¼ łyżeczki kurkumy

2½ łyżki słodkiej węgierskiej papryki

⅛ łyżeczka cynamonu

⅛ łyżeczka Mielone goździki

KIERUNKI:

Na małej patelni na małym ogniu podpiekać kminek, goździki, kardamon, pieprz, ziele angielskie, kozieradkę i kolendrę przez około 2 minuty, cały czas mieszając

Zdjąć z ognia i schłodzić przez 5 minut. Odrzuć łodygi z chilli. W młynku do przypraw lub za pomocą moździerza i tłuczka zmiel na drobno prażone przyprawy i chili.

Wymieszaj pozostałe składniki.

27. Mieszanka do sałatek ziołowych

Wydajność: 1 porcja

SKŁADNIK

¼ szklanki płatków pietruszki

2 łyżki każdego suszonego oregano, bazylii i majeranku, pokruszonych

2 łyżki cukru

1 łyżka pokruszonych nasion kopru włoskiego

1 łyżka suchej musztardy

1½ łyżeczki pieprzu czarnego

KIERUNKI:

Umieść wszystkie składniki w 1-litrowym słoiku, przykryj szczelnie i dobrze wstrząśnij, aby wymieszać. Przechowywać w chłodnym, ciemnym, suchym miejscu

Na 1 szklankę do Ziołowego Sosu Vinaigrette: W małej misce wymieszaj 1 łyżkę mieszanki ziołowej dressingu do sałatek, ¾ szklanki ciepłej wody, 2½ łyżki octu estragonowego lub octu winnego, 1 łyżkę oliwy z oliwek i 1 zmiażdżony ząbek czosnku.

Skosztuj i dodaj ¼ do ½ łyżeczki Ziołowej Mieszanki Sałatkowej, jeśli chcesz uzyskać mocniejszy smak. Odstawić w temperaturze pokojowej na co najmniej 30 minut przed użyciem, a następnie ponownie ubić.

28. Ocet z ziół mieszanych

Wydajność: 1 porcja

Składnik

- 1-litrowy ocet z czerwonego wina
- 1 sztuka octu jabłkowego
- 2 Obrane, przekrojone na pół ząbki czosnku
- 1 Gałąź estragonu
- 1 gałązka tymianku
- 2 gałązki świeżego oregano
- 1 mała słodka bazylia z łodyg
- 6 czarnych ziaren pieprzu

Wskazówki:

Wlej czerwone wino i ocet jabłkowy do litrowego słoika. Dodaj czosnek, zioła, ziarna pieprzu i przykryj. Odstawić na trzy tygodnie w chłodne miejsce, z dala od słońca. Wstrząsaj od czasu do czasu. Wlej do butelek i zatrzymaj korkiem.

29. Pesto z ziół mieszanych

Wydajność: 1 porcja

SKŁADNIK

1 szklanka Pakowane świeżej pietruszki o płaskich liściach

½ szklanki Pakowane świeże liście bazylii;

1 łyżka świeżych liści tymianku

1 łyżka świeżego rozmarynu

1 łyżka Świeżych liści estragonu

½ szklanki świeżo startego parmezanu

⅓ filiżanka oliwy z oliwek

¼ szklanki orzechów włoskich; prażone złote

1 łyżka octu balsamicznego

KIERUNKI:

W robocie kuchennym zmiksuj wszystkie składniki z solą i pieprzem do smaku, aż będą gładkie. (Pesto przechowuje, powierzchnia pokryta folią, schłodzona, 1 tydzień.)

30. Marynata musztardowo-ziołowa

Wydajność: 1 porcja

SKŁADNIK

½ szklanki musztardy Dijon

2 łyżki suchej musztardy

2 łyżki oleju roślinnego

¼ szklanki wytrawnego białego wina

2 łyżki suszonego estragonu

2 łyżki suszonego tymianku

2 łyżki suszonej szałwii, pokruszonej

KIERUNKI:

Wymieszaj wszystkie składniki w misce. Odstawić na 1 godzinę. Dodaj kurczaka lub rybę i dobrze obtocz. Odstawić w marynacie. Osusz papierowymi ręcznikami

Użyj pozostałej marynaty do polewania ryby lub kurczaka tuż przed wyjęciem z grilla.

31. Ziołowy sos deserowy

Wydajność: 1 porcja

SKŁADNIK

⅓ kubek Ciężkiej śmietany

¾ filiżanka maślanki

1 łyżeczka startej skórki z cytryny

¼ łyżeczki mielonego imbiru

⅛ łyżeczka kardamonu mielonego

¼ szklanki Garam masala, ziele angielskie lub

Gałka muszkatołowa

KIERUNKI:

Śmietanę ubijaj w średniej wielkości, schłodzonej misce, aż uformują się miękkie szczyty.

Pozostałe składniki wymieszać w małej miseczce i delikatnie dodać do kremu. Sos powinien mieć konsystencję gęstej śmietany.

32. Sos z ziół cytrusowych

Wydajność: 1 porcja

SKŁADNIK

½ średniej wielkości czerwonej papryki,

2 średnie Pomidory, pokrojone

½ szklanki Luźno zapakowana świeża bazylia

2 Ząbki czosnku, mielone

½ szklanki świeżego soku pomarańczowego

½ szklanki Luźno zapakowana świeża natka pietruszki

¼ szklanki octu malinowego

1 łyżka suchej musztardy

2 łyżeczki świeżych liści tymianku

2 łyżeczki świeżego estragonu

2 łyżeczki świeżego oregano

Zmielony czarny pieprz

KIERUNKI:

Połącz wszystkie składniki w blenderze lub robocie kuchennym i miksuj aż do zmiksowania.

33. Sos domowo-ziołowy

Wydajność: 6 porcji

SKŁADNIK

1 łyżka Mleka

12 uncji sera wiejskiego

1 łyżeczka soku z cytryny

1 mały plaster cebuli -- cienki

3 rzodkiewki — o połowę

1 łyżeczka Mieszanych Ziół Sałatkowych

1 gałązka pietruszki

¼ łyżeczki soli

KIERUNKI:

Mleko, twarożek i sok z cytryny wlej do pojemnika blendera i zmiksuj na gładką konsystencję. Dodaj pozostałe składniki do masy twarogowej i miksuj, aż wszystkie warzywa zostaną posiekane.

34. Mieszanka ziół prowansalskich

Wydajność: 1 porcja

SKŁADNIK

½ szklanki suszonego całego tymianku

¼ szklanki Cała suszona bazylia

2 łyżki Całe suszone oregano

2 łyżki całego suszonego rozmarynu

KIERUNKI:

Przyprawy dokładnie wymieszać. Przechowywać w hermetycznym pojemniku

35. Marynata ziołowo-olejowa

Wydajność: 1 porcja

SKŁADNIK

Sok i skórka z 1 pomarańczy

¼ szklanki soku z cytryny

¼ szklanki oleju roślinnego

½ łyżeczki imbiru

½ łyżeczki szałwii

1 Ząbek czosnku, mielony

Świeżo zmielony pieprz

KIERUNKI:

Połącz składniki. Pozostaw mięso do marynowania w płytkim szklanym naczyniu przez 4 godziny w lodówce. Podlać marynatą podczas smażenia lub grillowania.

36. Łatwe octy ziołowe

Wydajność: 1 porcja

SKŁADNIK

4 gałązki świeżego rozmarynu

KIERUNKI:

Aby zrobić ocet ziołowy, wlej opłukane i wysuszone zioła i wszelkie przyprawy do wysterylizowanej butelki wina o pojemności 750 ml i dodaj około 3 filiżanek octu, wypełniając do $\frac{1}{4}$ cala od góry. Zatrzymaj się z nowym korkiem i odstaw na 2 do 3 tygodni do zaparzenia. Ocet ma trwałość co najmniej 1 rok.

Z octem z czerwonego wina użyć: 4 gałązki świeżej pietruszki kędzierzawej, 2 łyżki czarnego pieprzu

37. Pesto szczawiowo-szczypiorkowe

Wydajność: 1 porcja

SKŁADNIK

1 szklanka szczawiu

4 łyżki szalotki; drobno zmielony

4 łyżki orzeszków piniowych; grunt

3 łyżki natki pietruszki; posiekany

3 łyżki szczypiorku; posiekany

Tarta skórka z 4 pomarańczy

¼ Cebula czerwona; posiekany

1 łyżka musztardy, suchej

1 łyżeczka soli

1 łyżeczka pieprzu czarnego

1 szczypta pieprzu cayenne

¾ szklanki oleju. Oliwa

KIERUNKI:

Zmiksuj szczaw, szalotki, orzeszki pinii, pietruszkę, szczypiorek, skórkę pomarańczową i cebulę w robocie kuchennym lub blenderze.

Dodaj suchą musztardę, sól, pieprz i cayenne i ponownie wymieszaj. POWOLI polewać olejem, podczas gdy ostrze jest w ruchu.

Przenieś do słoików ze szkła hartowanego.

38. Sos ogórkowo-ziołowy

Wydajność: 12 porcji

SKŁADNIK

½ szklanki pietruszki

1 łyżka świeżego koperku, posiekanego

1 łyżeczka świeżego estragonu, posiekanego

2 łyżki koncentratu soku jabłkowego

1 średni Ogórek, obrany, bez pestek

1 ząbek Czosnek, mielony

2 zielone cebule

1½ łyżeczki octu z białego wina

½ szklanki niskotłuszczowego jogurtu

¼ łyżeczki musztardy Dijon

KIERUNKI:

Połącz wszystkie składniki z wyjątkiem jogurtu i musztardy w blenderze. Zmiksuj na gładką masę, wymieszaj z jogurtem i musztardą. Przechowywać w lodówce

39. Ziołowy pekan pocierać

Wydajność: 1 porcja

SKŁADNIK

½ szklanki orzechów pekan - połamanych

3 ząbki czosnku - pokrojone

½ szklanki świeżego oregano

½ szklanki świeżego tymianku

½ łyżeczki skórki cytryny

½ łyżeczki pieprzu czarnego

¼ łyżeczki soli

¼ szklanki oleju do gotowania

KIERUNKI:

W blenderze lub robocie kuchennym połącz wszystkie składniki Z WYJĄTKIEM oleju.

Przykryj i zmiksuj kilka razy, zeskrobując boki, aż do uzyskania pastyformularze.

Przy pracującej maszynie stopniowo dodawać olej, aż mieszanina utworzy pastę.

Wcieraj w rybę lub kurczaka.

40. Ziołowy dressing pikantny

Wydajność: 1

SKŁADNIK

¾ szklanki soku z białych winogron; lub sok jabłkowy

¼ szklanki octu z białego wina

2 łyżki sproszkowanej pektyny owocowej

1 łyżeczka musztardy Dijon

2 ząbki czosnku; zgnieciony

1 łyżeczka suszonych płatków cebuli

½ łyżeczki suszonej bazylii

½ łyżeczki suszonego oregano

¼ łyżeczki czarnego pieprzu; grubo zmielony

KIERUNKI:

W małej misce wymieszać sok winogronowy, ocet i pektynę; mieszaj, aż pektyna się rozpuści. Dodaj musztardę i pozostałe składniki; dobrze wymieszaj. Przechowywać w lodówce

41. Czosnkowo-cytrynowo-ziołowy pocierać

Wydajność: 1 porcja

SKŁADNIK

¼ szklanki czosnku; mielony

¼ szklanki skórki z cytryny; tarty

½ szklanki pietruszki; świeże, drobno posiekane

2 łyżki tymianku; świeżo posiekane

2 łyżki rozmarynu

2 łyżki szałwii; świeże, posiekane

½ szklanki oliwy z oliwek

KIERUNKI:

W małej misce połącz składniki i dobrze wymieszaj. Użyj dnia, w którym jest mieszany.

42. Dolce latté dip ziołowy

Wydajność: 6 porcji

SKŁADNIK

450 mililitrów śmietany

150 gramów dolce latté; pokruszony

1 łyżka soku z cytryny

4 łyżki majonezu

2 łyżki łagodnej pasty curry

1 Czerwona papryka; pokrojone w kostkę

1 50 gramów pełnotłustego miękkiego sera; (2 uncje.)

1 mała cebula; drobno pokrojone w kostkę

2 łyżki mieszanki ziół

2 łyżki przecieru pomidorowego

Sól i świeżo zmielony czarny pieprz

Surowce warzywne i pokrojony chleb pita

KIERUNKI:

Śmietanę podzielić na 3 małe miseczki. Do jednej miski dodaj dolce latté i sok z cytryny, do drugiej miski dodaj 2 łyżki majonezu, pastę curry i czerwoną paprykę. Do trzeciej miski dodaj pełnotłusty miękki ser, cebulę, zioła i przecier pomidorowy.

Dodaj przyprawy do smaku do każdej z misek i dobrze wymieszaj. Przełóż dipy na dania do serwowania i podawaj schłodzone z surowymi warzywami i pokrojonym chlebem pita.

43. Mieszanka ziół francuskich

Wydajność: 2 filiżanki

SKŁADNIK

½ szklanki Estragonu

½ szklanki trybula

2 łyżki liści szałwii

½ szklanki tymianku

2 łyżki rozmarynu

5 łyżek szczypiorku

2 łyżki skórki pomarańczowej, wysuszonej

2 łyżki zmielonych nasion selera

KIERUNKI:

Zrzuć wszystko razem i wymieszaj, aż dobrze się połączą. Zapakuj do małych słoików i opatrz etykietą.

Przyprawy kruszyć w dłoni podczas używania.

Przyprawy należy mierzyć objętościowo, a nie wagowo, ze względu na dużą zmienność wilgotności.

44. Masło ziołowo-korzenne

Wydajność: 1 porcja

SKŁADNIK

8 łyżek masła zmiękczonego

2 łyżki świeżego rozmarynu, posiekanego

1 łyżka świeżego estragonu, posiekanego

1 łyżka świeżego szczypiorku, posiekanego

1 łyżka curry w proszku

KIERUNKI:

Zmiękczone masło ubić na kremową konsystencję. Wymieszaj pozostałe składniki.

Połóż masło na woskowanym papierze id uformuj rolkę za pomocą płaskiego noża.

Pozostaw masło w lodówce na co najmniej dwie godziny, aby masło całkowicie wchłonęło smak ziół.

45. Ziołowy dressing warzywny

Wydajność: 1 porcja

SKŁADNIK

½ łyżeczki świeżej pietruszki

½ łyżeczki świeżego estragonu

½ łyżeczki świeżego szczypiorku

½ łyżeczki Świeża trybula

3 łyżki octu winnego

9 łyżek oliwy z oliwek

1 łyżeczka musztardy Dijon

½ łyżeczki soli

½ łyżeczki pieprzu czarnego

KIERUNKI:

Zmiel świeże zioła, zachowując kilka listków do przybrania.

Umieść wszystkie składniki w małej misce. Ubijaj energicznie drucianą trzepaczką, aż dobrze się połączą.

Udekoruj świeżymi liśćmi i natychmiast podawaj.

46. Dip bekonowo-pomidorowo-ziołowy

Wydajność: 1 porcja

SKŁADNIK

1 pojemnik; (16 uncji) kwaśna śmietana

1 łyżka bazylii

1 łyżka przyprawy Beau Monde

1 średni pomidor

8 plasterków Boczek Ugotowany i pokruszony

KIERUNKI:

W średniej misce wymieszaj wszystkie składniki, aż dobrze się połączą. Przykryj i schłódź 2 godziny lub na noc.

47. Pasta z ziela czosnku

Wydajność: 8 porcji

SKŁADNIK

1 główka czosnku

4 Pomidory suszone na słońcu; nie zapakowane w olej

1 szklanka beztłuszczowego sera jogurtowego

½ łyżeczki syropu klonowego

2 łyżki świeżej bazylii; posiekany

½ łyżeczki płatków czerwonej papryki

¼ łyżeczki soli morskiej; świeżo zmielony

Bochenek włoskiego chleba; pokrojony; opcjonalny

KIERUNKI:

Owinąć główkę czosnku w folię aluminiową i piec w nagrzanym piekarniku 375F przez 35 minut.

Suszone pomidory zagotować w niewielkiej ilości wody. Odstawić na 15 minut, a następnie osuszyć na ręcznikach papierowych. Po wyschnięciu posiekaj drobno.

Połącz wszystkie składniki oprócz chleba za pomocą drucianej trzepaczki. Pozostaw na co najmniej 30 minut.

48. Chevre z rozłożonymi ziołami

Wydajność: 8 porcji

SKŁADNIK

4 uncje zwykłego serka śmietankowego

4 uncje Chevre

Świeże zioła - do smaku

KIERUNKI:

Jeśli używasz własnych ziół, rozmaryn, estragon i cząber to dobry wybór, osobno lub w połączeniu.

Użyj pasty do nadziewania śniegu lub groszku cukrowego, posmaruj krążki ogórka lub cukinii, herbatniki na słodko, herbatniki na wodzie lub lekko opiekane miniaturowe bajgle.

WOŁOWINA

49. My Classic Beef Jerky

Wydajność: ¾ funt

Czas przygotowania: 15 minut plus noc

Czas gotowania: od 5 do 8 godzin

SKŁADNIKI

1½ funta chudej wołowiny

2 szklanki białego octu

Klasyczna solanka wołowa

¼ szklanki sosu sojowego

⅓ filiżanka sosu Worcestershire

1 łyżka sosu barbecue

½ łyżeczki pieprzu

½ łyżeczki soli

½ łyżeczki cebuli

½ łyżeczki czosnku

DOJAZD

1. Pokrój wołowinę na ćwierćcalowe plastry.

2. W średniej misce posmaruj plastry wołowiny białym octem przez 10 minut. Odcedź i wyrzuć biały ocet.

3. Dodaj odsączone plastry wołowiny i składniki solanki do 1-galonowej torby zamykanej na zamek. W razie potrzeby dodaj wodę, aby całkowicie przykryć mięso. Moczyć przez noc w lodówce.

4. Następnego dnia odcedź solankę, ułóż mięso tak, aby kawałki się nie dotykały, i susz w temperaturze 160 °F przez 5 do 8 godzin, aż będzie chrupiące, ale giętkie.

Solanka Teriyaki: Aby uzyskać azjatycki smak, użyj do solanki następujących składników: ⅔ szklanki sosu teriyaki, 1 łyżka sosu sojowego, ½ szklanki wody lub soku ananasowego, ½ łyżeczki cebuli w proszku, ½ łyżeczki świeżego czosnku, ½ łyżeczki soli i ½ łyżeczki pieprzu .

Spicy Cajun Brine: Jeśli lubisz pikantne, spróbuj solanki Cajun: ½ szklanki octu balsamicznego, ⅓ szklanki sosu Worcestershire, ⅓ szklanki wody, 1 łyżka melasy, 1 łyżka przyprawy Cajun, 1 łyżeczka wędzonej papryki, ½ łyżeczki soli, ½ łyżeczki pieprzu, i ¼ łyżeczki proszku cayenne.

50. Stek wołowy Jerky

Wydajność: ¾ funt

Czas przygotowania: 15 minut plus noc

Czas gotowania: od 5 do 8 godzin

SKŁADNIKI

1½ funta chudej wołowiny

2 szklanki białego octu

Solanka ze stekiem wołowym

¼ szklanki octu balsamicznego

⅓ filiżanka sosu Worcestershire

1 łyżka melasy

1 łyżka mieszanki przypraw do steków (patrz przepis poniżej)

1 łyżeczka świeżego czosnku

1 łyżeczka cebuli w proszku

DOJAZD

1. Pokrój wołowinę na ćwierćcalowe plastry.

2. W średniej misce posmaruj plastry wołowiny białym octem przez 10 minut. Odcedź i wyrzuć biały ocet.

3. Dodaj odsączone plastry wołowiny i składniki solanki do 1-galonowej torby zamykanej na zamek. W razie potrzeby dodaj

wodę, aby całkowicie przykryć mięso. Moczyć przez noc w lodówce.

4. Następnego dnia odcedź solankę, ułóż mięso tak, aby kawałki się nie dotykały, i susz w temperaturze 160 ° F przez 5 do 8 godzin, aż będzie chrupiące, ale giętkie.

ZUPA

51. Zupa kalafiorowa

Wydajność: 6 filiżanek

Czas przygotowania: 40 minut

Czas gotowania: 15 minut

SKŁADNIKI

2 szklanki suszonego kalafiora

⅛ szklanka suszonej cebuli

⅛ szklanka odwodnionego selera

2 plastry suszonego czosnku

2½ szklanki wody

⅛ filiżanka quinoa

4 szklanki bulionu warzywnego

pieprz do smaku

sól dla smaku

przyprawa do smaku

DOJAZD

1. Kalafior, cebulę, seler i czosnek umieścić w dużej misce i zalać 2½ szklanki wrzącej wody. Moczyć, aż warzywa będą prawie nawodnione, około 30 minut. Odcedź i wylej płyn do namaczania.

2. W dużym rondlu dodaj warzywa, komosę ryżową, wywar warzywny, sól, pieprz i przyprawy do smaku. Gotuj na średnim ogniu przez 15 minut, aż kalafior i quinoa będą miękkie i całkowicie ugotowane.

3. Zdejmij z ognia i wlej małe porcje do blendera, aby wymieszać. Uważaj – będzie bardzo gorąco. Miksuj do uzyskania gładkości przez 45 do 60 sekund.

52. Zupa szparagowa

Wydajność: 6 filiżanek

Czas przygotowania: 10 minut

Czas gotowania: 20 minut

SKŁADNIKI

2 szklanki suszonych szparagów

1 szklanka wody

2 łyżki masła lub oliwy z oliwek extra virgin

½ łyżeczki suszonej bazylii lub 10 świeżych listków bazylii, posiekanych

4 szklanki bulionu z kurczaka lub bulionu

sól i pieprz do smaku

DOJAZD

1. Umieść szparagi i wodę w rondlu i gotuj na średnim ogniu przez 5 do 10 minut, aż kawałki szparagów będą pulchne. Odcedź i zachowaj płyn ze szparagów.

2. Dodaj szparagi, masło i bazylię do garnka na średnim ogniu, aż masło się rozpuści, około 1 minuty.

3. Dodaj wywar z kurczaka i wodę ze szparagów do garnka i podgrzej do wysokiej temperatury, aż mieszanina się zagotuje.

Zmniejsz ogień i gotuj przez 10 minut. Zdjąć z ognia i schłodzić około 5 minut.

4. W małych partiach wlej ciepłą zupę do blendera i zmiksuj do pożądanej konsystencji. Po zmiksowaniu przenieś małe porcje do dużej miski, aby były oddzielone. Lubię trzymać kilka partii blendera z większymi kawałkami, żeby zupa miała konsystencję.

5. Włóż miksturę do garnka i dodaj sól i pieprz do smaku.

53. Zupa Warzywna Termos

Wydajność: 2 filiżanki

Czas przygotowania: 5 minut

Czas gotowania: 4 godziny

SKŁADNIKI

⅓ szklanka suszonych warzyw

¼ łyżeczki suszonej pietruszki

¼ łyżeczki suszonej słodkiej bazylii

szczypta czosnku w proszku

szczypta cebuli w proszku

sól i pieprz do smaku

1 łyżka spaghetti, pokrojona na małe kawałki

2 szklanki wrzącego bulionu z kurczaka lub wołowiny

DOJAZD

1. Napełnij pusty termos wrzącą wodą. Tuż przed zapakowaniem składników do termosu wylej gorącą wodę.

2. Do termosu dodaj suszone warzywa, pietruszkę, bazylię, czosnek w proszku, cebulę w proszku, sól, pieprz i makaron.

3. Zagotuj bulion z kurczaka lub wołowiny i polej suchymi składnikami. Szybko zakryj termos i bezpiecznie zamknij. Jeśli to możliwe, wstrząsaj lub obracaj termos co godzinę, aż będzie gotowy do spożycia.

ODWADNIONE FRYTKI

54. Słodkie Chipsy Ziemniaczane

Wydajność: 6 filiżanek

Czas przygotowania: 15 minut

Czas gotowania: 4 do 8 godzin

SKŁADNIKI

4 duże słodkie ziemniaki

DOJAZD

1. Obierz ziemniaki lub zostaw ze skórką, aby uzyskać dodatkowe korzyści odżywcze.

2. Za pomocą mandoliny pokrój każdy ziemniak w krążki o grubości $\frac{1}{8}$ cala.

3. Wrzuć krążki do dużego garnka z wrzącą wodą i gotuj do miękkości, około 10 minut. Odcedź i wylej płyn. Nie rozgotuj; powinny zachowywać swój kształt podczas obsługi.

4. Połóż mokre bataty na tackach suszarki. Nie powinni się dotykać.

5. Posypać frytki solą i przyprawami (opcjonalnie).

6. Suszyć w 125°F przez 4 do 8 godzin, aż frytki będą chrupiące, a środek będzie gotowy.

55. Chipsy z jarmużu

Wydajność: 2 filiżanki

Czas przygotowania: 5 minut

Czas gotowania: 4 do 6 godzin

SKŁADNIKI

1 pęczek jarmużu bez szypułek

1 łyżka oliwy z oliwek lub octu jabłkowego

przyprawy, zgodnie z życzeniem

DOJAZD

1. Pokrój liście jarmużu na paski o grubości od 2 do 3 cali.

2. Delikatnie posmaruj jarmuż oliwą z oliwek lub użyj octu jabłkowego jako niskotłuszczowej alternatywy dla oleju. To daje przyprawie coś, do czego można się przyczepić.

3. Posyp jarmuż wybraną przyprawą.

4. Połóż doprawiony jarmuż na tackach suszarki i susz w temperaturze 125°F przez 4 do 6 godzin, aż będą chrupiące.

56. Chipsy z cukinii

Wydajność: 5 filiżanek

Czas przygotowania: 15 minut

Czas gotowania: od 10 do 12 godzin

SKŁADNIKI

4 średnie dynie z cukinii

¼ szklanki octu jabłkowego

sól dla smaku

pieprz do smaku

chili w proszku do smaku

DOJAZD

1. Pokrój cukinię na krążki o grubości ¼ cala. Najlepiej zachować tę samą grubość, aby zapewnić równomierne suszenie. Poeksperymentuj z użyciem karbowanego ostrza do krojenia, które tworzy żeberka na frytkach; grzbiety dają przyprawom więcej miejsca do chwytania.

2. Dodaj ocet jabłkowy, sól, pieprz i chili w proszku do niereaktywnej miski z szerokim dnem. Mieszaj aż do włączenia.

3. Dodaj garść surowych chipsów do miski i wymieszaj, aż zostaną pokryte octem i mieszanką przypraw. Oddziel wszystkie sklejone kawałki i upewnij się, że wszystkie plasterki cukinii są pokryte przyprawami.

4. Ułóż frytki na tackach suszarki. Mogą się dotykać, ale nie powinny zachodzić na siebie.

5. Suszyć w 135 ° F przez 10 do 12 godzin. Jeśli masz suszarkę z dolnym ogrzewaniem, może być konieczne przestawienie tac w połowie cyklu suszenia. Po 5 godzinach przesuń górne tace na dno, aby frytki były równomiernie wysuszone.

57. Odwodnione marynaty do lodówki

Wydajność: 1 pinta

Czas przygotowania: 5 minut

Czas gotowania: co najmniej 24-godzinny czas oczekiwania

SKŁADNIKI

1 szklanka octu

1 szklanka wody

1½ łyżki soli peklującej lub koszernej

1 ząbek czosnku, rozgnieciony

¼ łyżeczki nasion kopru

⅛ łyżeczka płatków czerwonej papryki

1½ szklanki suszonych plasterków ogórka lub włóczni

DOJAZD

1. Aby przygotować solankę, połącz ocet, wodę i sól w małym rondlu na dużym ogniu. Doprowadzić do wrzenia, a następnie natychmiast wyjąć i pozostawić do ostygnięcia.

2. Dodaj czosnek, nasiona kopru, płatki czerwonej papryki i plasterki suszonego ogórka do półlitrowego słoika.

3. Wlej schłodzoną solankę na ogórki, wypełniając słoik do ½ cala od góry. Możesz nie wykorzystać całej solanki.

4. Przechowywać w lodówce przez co najmniej 24 godziny przed jedzeniem. Ogórki z dnia na dzień staną się pulchne i magicznie zamienią się w marynaty.

58. Chipsy prosciutto

SKŁADNIKI

12 (1 uncji) plasterków prosciutto

Olej

KIERUNKI:

Rozgrzej piekarnik do 350 ° F.

Blachę do pieczenia wyłożyć papierem do pieczenia i ułożyć w jednej warstwie plastry prosciutto. Piec 12 minut lub do momentu, gdy prosciutto będzie chrupiące.

Przed jedzeniem ostudź całkowicie.

59. Chipsy buraczane

SKŁADNIK

10 średnich czerwonych buraków

½ szklanki oleju z awokado

2 łyżeczki soli morskiej

½ łyżeczki czosnku granulowanego

KIERUNKI:

Rozgrzej piekarnik do 350 ° F. Kilka blach do pieczenia wyłożyć papierem do pieczenia i odstawić.

Buraki obrać krajalką do warzyw i odciąć końce. Ostrożnie pokrój buraki na krążki o grubości około 3 mm za pomocą krajalnicy mandoliny lub ostrego noża.

Umieść pokrojone buraki w dużej misce i dodaj olej, sól i granulowany czosnek. Wrzucić, aby pokryć każdy plasterek. Odstaw na 20 minut, pozwalając soli wydobyć nadmiar wilgoci.

Odsącz nadmiar płynu i ułóż pokrojone buraki w jednej warstwie na przygotowanych blachach do pieczenia. Piec 45 minut lub do momentu, aż będzie chrupiąca.

Wyjmij z piekarnika i pozostaw do ostygnięcia. Przechowywać w hermetycznym pojemniku do czasu spożycia, do 1 tygodnia.

60. Chipsy jęczmienne

SKŁADNIK

1 Mąkę o wszechstronnym przeznaczeniu

½ szklanki mąki jęczmiennej

½ szklanki kaszy jęczmiennej (jęczmień

płatki)

2 łyżki cukru

¼ łyżeczki soli

8 łyżek (1 laska) masła lub

Margaryna, zmiękczona

½ szklanki mleka

KIERUNKI:

W dużej misce lub w robocie kuchennym wymieszaj mąkę, jęczmień, cukier i sól.

Pokrój masło, aż masa będzie przypominała gruboziarnistą mąkę. Dodaj tyle mleka, aby uformować ciasto, które zbierze się w spójną kulkę.

Ciasto podzielić na 2 równe porcje do wałkowania. Na posypanej mąką powierzchni lub ściereczce do ciasta rozwałkować na ⅛ do ¼ cala. Pokrój w 2-calowe koła lub kwadraty i ułóż na lekko natłuszczonej lub wyłożonej pergaminem blasze do pieczenia. Nakłuć każdy krakers w 2 lub 3 miejscach zębami widelca.

Piecz przez 20 do 25 minut lub do średnio brązowego. Schłodzić na ruszcie.

61. Cheddar mexi-melt chipsy

SKŁADNIK

1 szklanka posiekanego ostrego sera Cheddar

1/8 łyżeczki granulowanego czosnku

1/8 łyżeczki chili w proszku

1/8 łyżeczki mielonego kminku

1/16 łyżeczki pieprzu cayenne

1 łyżka drobno posiekanej kolendry

1 łyżeczka oliwy z oliwek

KIERUNKI:

Rozgrzej piekarnik do 350 ° F. Przygotuj arkusz ciastek z pergaminem lub matą Silpat.

Wymieszaj wszystkie składniki w średniej misce, aż dobrze się połączą.

Upuść porcjami wielkości łyżki stołowej na przygotowany arkusz ciasteczek.

Gotuj 5-7 minut, aż brzegi zaczną się brązowieć.

Pozostaw do ostygnięcia na 2-3 minuty przed wyjęciem z blachy do ciastek za pomocą szpatułki.

62. Chipsy Pepperoni

SKŁADNIK

24 plastry pepperoni bez cukru

Olej

KIERUNKI:

Rozgrzej piekarnik do 425°F.

Blachę do pieczenia wyłożyć papierem do pieczenia i ułożyć plasterki pepperoni w jednej warstwie.

Piecz 10 minut, a następnie wyjmij z piekarnika i za pomocą ręcznika papierowego zmyj nadmiar tłuszczu. Włóż do piekarnika jeszcze 5 minut lub do momentu, gdy pepperoni będzie chrupiąca.

63. Anielskie chipsy

SKŁADNIK

½ szklanki) cukru

½ szklanki brązowego cukru

1 szklanka skracania

1 jajko

1 łyżeczka wanilii

1 łyżeczka kremu z tatara

2 szklanki mąki

½ łyżeczki soli

1 łyżeczka sody oczyszczonej

KIERUNKI:

Cukier śmietankowy, cukier brązowy i tłuszcz piekarski. Dodaj wanilię i jajko. Miksuj na puszystą masę. Dodaj suche składniki; mieszanka.

Uformuj kulki z łyżeczek. Zanurz w wodzie, a następnie w granulowanym cukrze. Ułożyć na blasze, stroną z cukrem do góry, a następnie spłaszczyć szklanką.

Piec w 350 stopniach przez 10 minut.

64. Chipsy z kurczaka satay

SKŁADNIK

Skóra z 3 dużych ud kurczaka

2 łyżki masła orzechowego bez dodatku cukru

1 łyżka niesłodzonego kremu kokosowego

1 łyżeczka oleju kokosowego

1 łyżeczka posiekanej i mielonej papryczki jalapeño

1/4 ząbki czosnku, mielone

1 łyżeczka aminokwasów kokosowych

KIERUNKI:

Rozgrzej piekarnik do 350 ° F. Na arkuszu ciastek wyłożonym pergaminem ułóż skórki tak płasko, jak to możliwe.

Piecz 12-15 minut, aż skórki staną się jasnobrązowe i chrupiące, uważając, aby ich nie przypalić.

Usuń skórki z blachy i połóż na ręczniku papierowym do ostygnięcia.

W małym robocie kuchennym dodaj masło orzechowe, krem kokosowy, olej kokosowy, jalapeño, czosnek i aminokwasy kokosowe. Mieszaj, aż dobrze się połączą, około 30 sekund.

Pokrój każdą chrupiącą skórkę z kurczaka na 2 kawałki.

Umieść 1 łyżkę sosu orzechowego na każdym chipsie z kurczaka i natychmiast podawaj. Jeśli sos jest zbyt rzadki, wstaw do lodówki na 2 godziny przed użyciem.

65. Skórka z kurczaka z awokado

SKŁADNIK

Skóra z 3 dużych ud kurczaka

$1/4$ średnie awokado, obrane i bez pestek

3 łyżki pełnotłustej kwaśnej śmietany

$1/2$ średnie papryczki jalapeño, bez pestek i drobno posiekane

$1/2$ łyżeczki soli morskiej

KIERUNKI:

Rozgrzej piekarnik do 350 ° F. Na arkuszu ciastek wyłożonym pergaminem ułóż skórki tak płasko, jak to możliwe.

Piecz 12-15 minut, aż skórki staną się jasnobrązowe i chrupiące, uważając, aby ich nie przypalić.

Usuń skórki z blachy i połóż na ręczniku papierowym do ostygnięcia.

W małej misce wymieszać awokado, śmietanę, papryczki jalapeno i sól.

Mieszaj widelcem, aż dobrze się połączą.

Pokrój każdą chrupiącą skórkę z kurczaka na 2 kawałki.

Umieść 1 łyżkę mieszanki awokado na każdym chipsie z kurczaka i natychmiast podawaj.

66. Chipsy warzywne z parmezanem

SKŁADNIK

³/4 szklanki posiekanej cukinii

¹/4 szklanki posiekanej marchewki

2 szklanki świeżo posiekanego parmezanu

1 łyżka oliwy z oliwek

¹/4 łyżeczki czarnego pieprzu

KIERUNKI:

Rozgrzej piekarnik do 375°F. Przygotuj arkusz ciastek z pergaminem lub matą Silpat.

Rozdrobnione warzywa zawinąć w papierowy ręcznik i wycisnąć nadmiar wilgoci.

Wymieszaj wszystkie składniki w średniej misce, aż dokładnie się połączą.

Umieść kopce wielkości łyżki na przygotowanej blasze.

Piecz 7-10 minut, aż się lekko zrumieni.

Ostudzić 2-3 minuty i wyjąć z blachy.

67. Chipsy kokosowe z ciasta dyniowego

SKŁADNIK

2 łyżki oleju kokosowego

1/2 łyżeczki ekstraktu waniliowego

1/2 łyżeczki przyprawy do ciasta dyniowego

1 łyżka granulowanego erytrytolu

2 szklanki niesłodzonych płatków kokosowych

1/8 łyżeczki soli

KIERUNKI:

Rozgrzej piekarnik do 350 ° F.

Wlej olej kokosowy do średniej miski, którą można używać w kuchence mikrofalowej i włóż do kuchenki mikrofalowej, aż się rozpuści, około 20 sekund. Dodaj ekstrakt waniliowy, przyprawę do ciasta dyniowego i granulowany erytrytol do oleju kokosowego i mieszaj, aż się połączą.

Płatki kokosowe umieścić w średniej misce, polać mieszanką oleju kokosowego i wymieszać. Rozłóż w jednej warstwie na blasze i posyp solą.

Piecz 5 minut lub do momentu, gdy kokos będzie chrupiący.

68. Chipsy ze skóry kurczaka Alfredo

SKŁADNIK

Skóra z 3 dużych ud kurczaka
2 łyżki sera ricotta
2 łyżki serka śmietankowego
1 łyżka startego parmezanu
$1/4$ ząbek czosnku, mielony
$1/4$ łyżeczka mielonego białego pieprzu

KIERUNKI:

Rozgrzej piekarnik do 350 ° F. Na arkuszu ciastek wyłożonym pergaminem ułóż skórki tak płasko, jak to możliwe.

Piecz 12–15 minut, aż skórki staną się jasnobrązowe i chrupiące, uważając, aby ich nie przypalić.

Usuń skórki z blachy i połóż na ręczniku papierowym do ostygnięcia.

W małej misce dodaj sery, czosnek i pieprz. Mieszaj widelcem, aż dobrze się połączą.

Pokrój każdą chrupiącą skórkę z kurczaka na 2 kawałki.

Umieść 1 łyżkę mieszanki serów na każdym chipsie z kurczaka i natychmiast podawaj.

WARZYWA

69. Naleśniki z mąki kokosowej ze słodkich ziemniaków

Wydajność: 6 średnich naleśników

Czas przygotowania: 5 minut

Czas gotowania: 2 do 4 minut

SKŁADNIKI

5 jajek

¼ szklanki mleka

½ łyżeczki ekstraktu waniliowego

½ szklanki niesłodzonego musu jabłkowego

¼ szklanki mąki kokosowej

¼ szklanki mąki ze słodkich ziemniaków

1 łyżka cukru pudru lub miodu

¼ łyżeczki proszku do pieczenia

mielony cynamon do smaku

¼ łyżeczki soli

DOJAZD

1. Rozgrzej patelnię lub dużą patelnię na średnim ogniu.

2. W dużej misce wymieszaj jajka, mleko, wanilię i mus jabłkowy, aż się połączą.

3. W średniej misce wymieszaj mąkę kokosową, mąkę ze słodkich ziemniaków, cukier lub miód, proszek do pieczenia, cynamon i sól, aż dobrze się połączą.

4. Dodaj suche składniki do mokrych składników. Mieszaj widelcem, aż składniki dobrze się połączą i nie pozostaną grudki.

5. Wrzucaj ciasto do chochli, po około ¼ szklanki za jednym razem, na rozgrzaną patelnię. Smaż 2 do 4 minut z każdej strony, aż na wierzchu zaczną tworzyć się małe bąbelki, a następnie odwróć.

6. Podawaj na ciepło z ulubionymi dodatkami do naleśników.

70. Gołąbki z kapustą wolnowarową

Wydajność: 8 do 12 rolek

Czas przygotowania: 20 minut

Czas gotowania: 8 do 10 godzin

SKŁADNIKI

8 do 12 suszonych liści kapusty

¼ szklanki suszonej, pokrojonej w kostkę cebuli

⅔ kubek pomidorowy w proszku

1 łyżka brązowego cukru (opcjonalnie)

1 łyżeczka sosu Worcestershire (opcjonalnie)

1 szklanka ugotowanego białego ryżu

1 jajko, ubite

1 funt bardzo chudej mielonej wołowiny

1 łyżeczka soli plus więcej do smaku

1 łyżeczka pieprzu plus więcej do smaku

DOJAZD

1. Zagotuj wodę w dużym garnku. Dodaj odwodnione liście kapusty i gotuj przez 2-3 minuty, do miękkości. Odcedź i odstaw na bok.

2. W małej misce przykryj pokrojoną w kostkę cebulę gorącą wodą do nawodnienia, około 15 minut.

3. Aby zrobić sos pomidorowy, włóż proszek pomidorowy do średniej miski. Powoli wlej 2 szklanki wrzącej wody i dobrze ubij, aby zmniejszyć kawałki. W razie potrzeby wymieszaj z brązowym cukrem i sosem Worcestershire. Odłożyć na bok.

4. W dużej misce wymieszać ugotowany ryż, jajko, mieloną wołowinę, cebulę, 2 łyżki sosu pomidorowego, sól i pieprz. Mieszać łyżką lub kopać i ugniatać czystymi rękami.

5. Umieść około ¼ szklanki mieszanki w każdym liściu kapusty, zwiń i zawiń końce. Włóż bułki do wolnowaru.

6. Wlać pozostały sos pomidorowy na gołąbki. Przykryj i gotuj na małym ogniu 8 do 10 godzin.

71. Smażony Zimowy Dynia z Jabłkami

Wydajność: 2 filiżanki

Czas przygotowania: 1 godzina

Czas gotowania: 10 minut

SKŁADNIKI

1 szklanka suszonych kostek dyni zimowych

½ szklanki suszonej cebuli

½ szklanki suszonego jabłka

2 łyżki masła

½ łyżeczki soli selerowej

½ łyżeczki proszku czosnkowego

½ łyżeczki tymianku

sól dla smaku

pieprz do smaku

DOJAZD

1. W dużej misce umieść odwodnione kostki dyni i cebulę i zalej 2 szklankami ciepłej wody. Moczyć przez 1 godzinę. Spuść pozostałą wodę.

2. Nawodnij jabłko, umieszczając je w osobnej misce i zalewając zimną wodą na 1 godzinę.

3. Roztop masło w dużym rondlu na średnim ogniu.

4. Dodaj dynię, cebulę i sól do rondla, mieszając od czasu do czasu, aż dynia zacznie się brązowieć, około 5 minut.

5. Dodaj czosnek w proszku i jabłko, gotuj, aż jabłka będą miękkie, około 2 minut.

6. Dodaj tymianek, sól i pieprz do smaku.

72. Odwodnione gniazda do dyni zimowych

Wydajność: od 10 do 15 gniazd squasha

Czas przygotowania: 30 minut

Czas gotowania: 4 do 6 godzin

SKŁADNIKI

1 duża dynia zimowa, obrana i pozbawiona pestek

DOJAZD

1. Jeśli używasz spiralizera, pokrój kabaczek na łatwe do opanowania kawałki i posiekaj na długie pasma. Jeśli nie masz spiralizatora, naciągnij obieraczkę do warzyw po kabaczce, robiąc cienkie, szerokie, podobne do makaronu plastry lub użyj obieraczki Julienne, aby uzyskać nitki przypominające spaghetti.

2. Nie wszystkie kawałki zwijają się w jednym długim odcinku, więc oddziel części, które to robią, usuwając je ze stosu.

3. Dodaj długie pasma do tac do suszarki i ułóż je w gnieździe, układając każdy kawałek na sobie. Dodawaj mniejsze kawałki do tac do odwadniania małymi garściami, aby uformować gniazda, 5 lub 6 stosów na tacy.

4. Suszyć w 140°F przez 2 godziny, zmniejszyć temperaturę do 130°F i suszyć przez dodatkowe 2 do 4 godzin, aż kawałki staną się kruche.

73. Gniazda do dyni czosnkowej z przyprawami kreolskimi

Wydajność: 10 gniazd

Czas przygotowania: 35 minut

Czas gotowania: 5 minut

SKŁADNIKI

10 odwodnionych zimowych gniazd do dyni (strona 117) lub 2 szklanki suszonych posiekanych dyni

⅓ szklanka mąki uniwersalnej

2 ząbki czosnku, posiekane

2 duże jajka, ubite

1 łyżka mieszanki przypraw kreolskich

2 łyżki oliwy z oliwek

10 łyżeczek sera cheddar

DOJAZD

1. Częściowo nawodnij gniazda squasha, mocząc je w gorącej wodzie przez 30 minut. Odcedź i wylej płyn do namaczania.

2. W dużej misce wymieszaj mąkę, czosnek, jajka i przyprawę kreolską. Zanurz gniazda dyni piżmowej w mieszance jajecznej, uważając, aby nie rozerwać gniazd.

3. Rozgrzej oliwę z oliwek na dużej patelni na średnim ogniu.

4. Wyciągnij 1 gniazdo na każdą porcję. Umieścić na patelni i spłaszczyć dynię łopatką, a następnie smażyć około 2 minuty, aż spód stanie się złocisto-brązowy.

5. Odwróć i smaż z drugiej strony, około 2 minuty dłużej.

6. Przykryj każde gniazdo 1 łyżeczką sera cheddar i natychmiast podawaj.

74. Fajita Fajita i Ryż

Wydajność: 1 litra suchego słoika; 6 ugotowanych filiżanek

Czas przygotowania: 35 minut

Czas gotowania: od 20 do 25 minut

SKŁADNIKI

1 szklanka szybkiego brązowego ryżu

2 szklanki Fasoli Szybkiego Gotowania

$\frac{1}{4}$ szklanki suszonej słodkiej papryki

$\frac{1}{4}$ szklanki suszonej cebuli

$\frac{1}{4}$ szklanki suszonej marchewki

$\frac{1}{4}$ szklanki sproszkowanego pomidora

$\frac{1}{4}$ łyżeczki suszonego czosnku

1 łyżeczka chili w proszku

$\frac{1}{2}$ łyżeczki soli

$\frac{1}{2}$ łyżeczki papryki

$\frac{1}{2}$ łyżeczki brązowego cukru

$\frac{1}{4}$ łyżeczki czarnego pieprzu

$\frac{1}{4}$ łyżeczki oregano

$\frac{1}{4}$ łyżeczki kminku

$\frac{1}{8}$ łyżeczka pieprzu cayenne

DOJAZD

1. Umieść wszystkie składniki w 1-litrowym słoiku z szerokim otworem lub torebce Mylar. Dodaj pochłaniacz tlenu o pojemności 100 cm3 i szczelnie zamknij. Przechowuj do 5 lat.

2. Aby podać, wyjmij opakowanie z tlenem i opróżnij zawartość słoika na dużą patelnię. Zalej 6 szklankami wody i zagotuj na dużym ogniu. Zmniejsz ogień do średniego, przykryj i gotuj na wolnym ogniu przez 15 do 20 minut, od czasu do czasu mieszając, aż fasola będzie gotowa.

3. Udekoruj startym serem do smaku.

75. Ryżowe ciasto do pizzy z kalafiora

Wydajność: 2 (8-calowe) skórki

Czas przygotowania: 40 minut

Czas gotowania: 15 do 20 minut

SKŁADNIKI

1 szklanka suszonego kalafiora

4 szklanki wody

2 jajka

2 szklanki startego parmezanu

KIERUNKI:

1. Rozgrzej piekarnik do 400 ° F.

2. Umieść kalafior w dużej misce, zalej 4 szklankami gorącej wody i moczyć przez 20 minut. Odcedź i wylej płyn do namaczania.

3. Posiekaj uwodniony kalafior ręcznie lub za pomocą robota kuchennego, aż kawałki będą małe i jednolite.

4. Ugotuj kalafior z ryżem na patelni na średnim ogniu. Mieszaj, aż kalafior wyschnie, a wilgoć zostanie usunięta.

5. Odłóż kalafior na bok i pozwól mu ostygnąć. Może ostygnąć szybciej, jeśli zostanie wyjęty z patelni.

6. W osobnej misce ubij jajka. Dodaj parmezan.

7. Dodaj schłodzony kalafior do miski i mieszaj do całkowitego wymieszania.

8. Pracując na papierze pergaminowym, podziel mieszaninę na 2 równe porcje. Przerabiaj każdy kawałek w 8-calowe koło o grubości około $\frac{1}{4}$ cala. Trzymaj więcej masy na brzegach, aby krążki smażyły się równomiernie, a brzegi się nie przypaliły.

9. Wsuń papier do pieczenia na blachę do pieczenia i gotuj w temperaturze 400 ° F, aż rundy będą zrumienione i jędrne, około 15 do 20 minut.

76. Mieszanka haszyszowo brązowa w słoiku

Wysuszyć składniki oddzielnie i połączyć. Ten przepis to 1 słoik z 2 posiłkami.

Wydajność: 1 litra suchego słoika; 2 filiżanki ugotowane

Czas przygotowania: od 10 do 15 minut

Czas gotowania: 10 do 15 minut

SKŁADNIKI

2 szklanki suszonych wiórków ziemniaczanych

½ szklanki suszonej cebuli

½ szklanki suszonej słodkiej papryki

¼ szklanki suszonego mielonego czosnku

1 łyżeczka oleju roślinnego

KIERUNKI:

1. W dużej misce wymieszaj wiórki ziemniaczane, suszoną cebulę, suszoną słodką paprykę i suszony mielony czosnek. Umieść w słoiku do konserw lub torbie Mylar. Dodaj pochłaniacz tlenu o pojemności 100 cm3 i szczelnie zamknij. Przechowuj do 5 lat.

2. Aby przygotować, przelej 1 szklankę zawartości słoika do miski i zalej wrzącą wodą na 10-15 minut, aż będzie pulchna. Odcedź i wyciśnij, aby usunąć nadmiar wody.

3. Rozgrzej olej na patelni na średnim ogniu.

4. Dodaj mieszankę ziemniaczaną na patelnię, delikatnie wciskając w cienką, równą warstwę podczas gotowania.

5. Gotuj, aż będą bardzo chrupiące i przyrumienią z każdej strony przez około 3 minuty.

77. Szybki Brązowy Ryż

Wydajność: 2 szklanki suszonego ryżu;

SKŁADNIKI

3½ szklanki ugotowanego ryżu

Czas przygotowania: od 5 do 7 godzin

Czas gotowania: 17 minut

KIERUNKI:

1. Ugotuj 2 szklanki zwykłego brązowego ryżu zgodnie ze wskazówkami na opakowaniu; upewnij się, że cały płyn został wchłonięty.

2. Przykryj tacki do suszarki pergaminem lub podkładami Paraflexx i rozłóż ugotowany ryż na jednej warstwie. Odwodnić w 125°F przez 5 do 7 godzin. W połowie procesu suszenia rozbij sklejony ryż i obróć tace. Po całkowitym wyschnięciu ryż powinien klikać po upuszczeniu na blat.

3. Aby nawodnić, odmierz 1 szklankę suszonego ryżu, umieść w rondlu i zalej ¾ szklanki wody. Moczyć przez 5 minut, aby rozpocząć nawadnianie, następnie doprowadzić do wrzenia i gotować przez 2 minuty. Zdjąć z ognia, przykryć i odstawić na 10 minut. Puch widelcem.

78. Fasola do szybkiego gotowania

Wydajność: 3 filiżanki

Czas przygotowania: 10 minut, plus 8 godzin

Czas gotowania: 8 do 10 godzin

SKŁADNIKI

4 szklanki suchej fasoli

KIERUNKI:

1. Namocz suszoną fasolę przez noc. Wylej wodę.

2. Po co najmniej 8 godzinach moczenia wrzuć fasolę do dużego garnka, zalej wodą i zagotuj. Zmniejsz ogień i gotuj przez 10 minut. Odpływ.

3. Rozłóż częściowo ugotowaną fasolę w jednej warstwie na tackach do odwadniania i przetwarzaj w temperaturze od 95°F do 100°F przez 8 do 10 godzin. Po wyschnięciu będą twarde.

4. Przechowuj w słoikach konserwowych z pochłaniaczami tlenu o pojemności 100 cm3 lub usuwaj tlen za pomocą nasadki FoodSaver. Okres przydatności do spożycia wynosi 5 lat.

Aby nawodnić: Namocz 1 szklankę suszonej fasoli i 2 szklanki wody w rondlu przez 5 minut. Doprowadzić do wrzenia przez 10 minut. Nie obejmują.

79. Fasolka po bretońsku pani B

Wydajność: 3 filiżanki

Czas przygotowania: 15 minut

Czas gotowania: 10 minut

SKŁADNIKI

1 szklanka fasoli Quick Cook (strona 123)

2 szklanki wody

¼ szklanki suszonej posiekanej cebuli

2 łyżeczki musztardy

⅛ szklanka zapakowanego brązowego cukru lub do smaku

1 łyżeczka sosu Worcestershire

KIERUNKI:

1. Nawadniaj fasolę do szybkiego gotowania, mocząc ją w 2 szklankach wody w rondlu przez 5 minut. Doprowadzić do wrzenia przez 10 minut. Nie obejmują.

2. Dodaj pozostałe składniki. Mieszaj, aż brązowy cukier się rozpuści.

3. Zmniejsz ogień do średniego i gotuj jeszcze przez 5 minut, aż fasola zmięknie i utworzy się sos. W razie potrzeby dodaj więcej wody w porcjach po 1 łyżeczce.

80. Meksykańska Fiesta Pieczenie

Wydajność: 1 (2½ kwarty) formy do pieczenia

Czas przygotowania: 45 minut

Czas gotowania: 15 minut

SKŁADNIKI

1 szklanka suszonych pomidorów

1 szklanka świeżych lub odwodnionych liści kolendry

½ szklanki suszonego, pokrojonego w kostkę zielonego pieprzu

½ szklanki suszonych ziaren kukurydzy

¼ szklanki sproszkowanego pomidora

2 świeże papryczki jalapeno

2 szklanki mielonej wołowiny

1 łyżeczka czosnku

1 limonka, wyciśnięty sok

6 kukurydzianych tortilli, pokrojonych w 1-calowe kwadraty

1 szklanka sera cheddar

DOJAZD

1. Rozgrzej piekarnik do 350 ° F.

2. Włóż suszone pomidory do małej miski i zalej 2 szklankami zimnej wody na 30 minut, aż będą pulchne i miękkie. Odcedź i pokrój w kostkę.

3. Umieść liście kolendry, pokrojony w kostkę zielony pieprz i kukurydzę w małej misce i dodaj tyle zimnej wody, aby przykryły. Moczyć przez 10 do 15 minut lub do momentu, aż papryka będzie pulchna. Odpływ.

4. Aby zrobić sos pomidorowy, powoli dodaj 12 uncji gorącej wody do ¼ szklanki proszku pomidorowego. Mieszaj do uzyskania gładkości. Odłożyć na bok.

5. Oczyść, posiekaj i pokrój w kostkę 2 świeże papryczki jalapeno.

6. Ugotuj mieloną wołowinę na dużej patelni, aż całkowicie się zrumieni.

7. Do mielonej wołowiny dodaj sos pomidorowy, czosnek, sok z limonki, pomidor, kolendrę, zielony pieprz, kukurydzę, tortille i jalapeño. Mieszaj i podgrzewaj przez cały czas.

8. Przełóż do 2,5-litrowego naczynia do pieczenia i posyp serem.

9. Piecz przez 15 minut, aż ser będzie musujący.

NAPÓJ

81. Herbata Różana Miętowa

Wydajność: 1 szklanka

Czas przygotowania: 0 minut

Stromy czas: od 10 do 15 minut

SKŁADNIKI

1 łyżeczka suszonych owoców dzikiej róży

1 łyżeczka suszonej mięty zielonej lub pieprzowej

1 szklanka wody

KIERUNKI:

1. Wrzuć miętę i owoce dzikiej róży do prasy francuskiej lub czajnika i wlej 1 szklankę gorącej wody. Niektórzy producenci herbaty mielą owoce róży przed ich użyciem, ale tak naprawdę nie jest to konieczne.

2. Przykryj i zaparzaj przez 10 do 15 minut. Im dłużej zaparzasz, tym głębszy będzie smak i kolor.

82. Mieszanka herbaty pomarańczowo-miętowej

Wydajność: 1 szklanka

Czas przygotowania: 5 minut plus czas odpoczynku

Czas stromy: 10 minut

SKŁADNIKI

2 łyżki suszonej, posiekanej mięty

2 łyżki suszonej pomarańczy

3 lub 4 całe goździki (opcjonalnie)

KIERUNKI:

1. Odmierz suche składniki do młynka do kawy lub moździerza i ubij tłuczkiem, aż zostaną zmieszane w jednolite kawałki. Umieścić w słoiku z szczelną pokrywką i pozostawić na kilka dni do rozwoju smaku.

2. Dodaj 1 łyżeczkę Mieszanki Herbaty Pomarańczowo Miętowej do zaparzacza do kulek, czajnika lub prasy francuskiej. Przykryj i parz przez 10 minut. To również tworzy orzeźwiającą mrożoną herbatę.

83. Herbata Słoneczko z Cytryną Werbeną

Wydajność: 1 kwarta

Czas przygotowania: 0 minut

Czas stromy: kilka godzin

SKŁADNIKI

1 garść suszonych liści werbeny cytrynowej

1 kwarta wody

KIERUNKI:

1. Zmiażdż garść suszonych liści i dodaj je do dużego szklanego słoika.

2. Przykryj liście 1 litrem wody i odstaw słoik na kilka godzin na słońce.

3. Odcedź liście i dodaj lód, aby napić się orzeźwiającego napoju.

84. Lemoniada z Suszonymi Cytrusami

Wydajność: 5 kwart

Czas przygotowania: 0 minut

Czas gotowania: 3 godziny czasu odpoczynku

SKŁADNIKI

1 szklanka cukru

5 litrów wody

15 sztuk suszonych krążków cytrusowych

KIERUNKI:

1. Dodaj cukier do 5 litrów wody i mieszaj, aż się rozpuści.

2. Dodaj kawałki cytrusów i wymieszaj.

3. Dodaj lód, aby skórki pozostały zanurzone. Pozostaw na co najmniej 3 godziny.

4. Wymieszaj i przelej do szklanek z kilkoma uwodnionymi krążkami cytrusowymi jako przybraniem.

DESER

85. Chrupiące Jabłko z Dodatkiem Owsianym

Wydajność: 1 szklana taca (8 × 8 cali)

Czas przygotowania: 35 minut

Czas gotowania: 30 minut

SKŁADNIKI

3 szklanki suszonych plastrów jabłka

¾ szklanka cukru, podzielona

2 łyżki mąki kukurydzianej

½ szklanki mąki

½ szklanki płatków owsianych

szczypta soli

⅛ łyżeczka mielonego cynamonu plus więcej do smaku

½ kija zimnego masła

DOJAZD

1. Rozgrzej piekarnik do 375°F. Przygotuj szklaną patelnię o wymiarach 8 × 8 cali z sprayem do gotowania.

2. Umieść plasterki jabłka w misce i dodaj tyle gorącej wody, aby przykryć. Odstaw na 30 minut. Odcedź i zachowaj płyn.

3. Wymieszaj uwodnione jabłka z ½ szklanki cukru i cynamonem, do smaku.

4. W miarce wymieszaj skrobię kukurydzianą i 2 łyżki zimnej wody, aż do całkowitego połączenia i bez grudek.

5. Włóż jabłka i zarezerwowany płyn do średniego rondla i gotuj przez 5 minut. Dodaj zawiesinę skrobi kukurydzianej i podgrzewaj, aż mieszanina zgęstnieje. Jeśli jabłka wyglądają na zbyt suche, dodaj więcej płynu, po 1 łyżce stołowej, aż uzyskasz pożądaną konsystencję.

6. Włóż jabłka do przygotowanej patelni, dociskając w dół, aby jabłka były pokryte sosem.

7. Aby stworzyć polewę, dodaj do małej miski mąkę, płatki owsiane, pozostały cukier, sól i $\frac{1}{8}$ łyżeczki cynamonu. Używając blendera do ciasta lub robota kuchennego, pokrój zimne masło w suche składniki, aż masa będzie przypominała grube okruchy.

8. Polać polewą nadzienie jabłkowe i równomiernie rozprowadzić aż do wszystkich rogów. Piecz przez 30 minut, aż posyp będzie złocistobrązowy, a nadzienie zacznie bulgotać.

86. Niskotłuszczowe Ciasto Ananasowe

Wydajność: 1 (8 × 8 cali) ciasto

Czas przygotowania: 25 minut

Czas gotowania: 25 do 30 minut

SKŁADNIKI

4 szklanki odwodnionego ananasa

2 szklanki wody

2¼ szklanki mąki uniwersalnej

1 szklanka cukru pudru

2 łyżeczki sody oczyszczonej

szczypta soli

2 łyżeczki ekstraktu waniliowego

2 jajka

1 opakowanie (3,5 uncji) pudding instant waniliowy bez cukru

1½ szklanki beztłuszczowej bitej śmietany

DOJAZD

1. Rozgrzej piekarnik do 350 ° F. Naczynie do pieczenia o wymiarach 8 × 8 cali posmaruj tłuszczem i mąką.

2. Zmiażdż odwodnionego ananasa w plastikowej torbie zamykanej na suwak z wałkiem do ciasta lub pulsuj w robocie

kuchennym. Ananas powinien być w kawałkach, a nie w proszku. Zarezerwuj 2 filiżanki.

3. Włóż resztę zmiażdżonego ananasa do małej miski i całkowicie przykryj 2 szklankami zimnej wody z kranu na 15 do 20 minut. W razie potrzeby dodaj więcej wody. Odcedź i zachowaj płyn ananasowy.

4. W średniej misce wymieszaj mąkę, cukier, sodę oczyszczoną i sól.

5. Dodaj ekstrakt waniliowy i jajka do małej miski z uwodnionym ananasem i wymieszaj.

6. Dodaj mokre składniki do suchego i mieszaj, aż powstanie ciasto.

7. Ciasto wlać do przygotowanego naczynia do pieczenia.

8. Piecz przez 25 do 30 minut, aż ciasto się zarumieni, a wykałaczka będzie czysta. Ostudzić przed dodaniem toppingu.

9. Wymieszaj 2 szklanki pokruszonego ananasa, płyn ananasowy i budyń bez cukru, aż się połączą. W razie potrzeby dodaj więcej wody w porcjach po 1 łyżeczce. Delikatnie dodać śmietankę do ubijania, aż do połączenia.

10. Rozłóż polewę na torcie. Wstaw do lodówki, aż będzie gotowy do podania.

87. kandyzowany imbir

Wydajność: 8 uncji kandyzowanego imbiru

Czas przygotowania: 40 minut plus 1 godzina czasu kondycjonowania

Czas gotowania: 4 do 6 godzin

SKŁADNIKI

1 duży (8 uncji) korzeń imbiru

4 szklanki wody

2¼ szklanki cukru, podzielone

DOJAZD

1. Umyj i obierz korzeń imbiru. Za pomocą mandoliny pokrój korzeń na -calowe plastry.

2. Dodaj 4 szklanki wody i 2 szklanki cukru do rondla i mieszaj, aż cukier się rozpuści.

3. Dodaj kawałki imbiru do rondla i zagotuj.

4. Zmniejsz ogień do wrzenia i gotuj przez 30 minut, nie przykrywając rondla, aby para mogła się wydostać.

5. Odcedź mieszankę imbirową i zachowaj syrop w słoiku do konserw.

6. Umieść kawałki imbiru na stojaku lub na tacce do odwadniania na godzinę, aż będą lepkie, ale nie mokre.

7. Wrzuć kawałki do pozostałej ¼ szklanki cukru, aż będą lekko pokryte. Możesz pominąć tę część i zmniejszyć zawartość cukru; nadal będą smakować słodko z prostego syropu.

8. Umieść plasterki imbiru na tacy do odwadniania i susz w temperaturze 135 ° F przez 4 do 6 godzin lub do momentu, gdy kawałki będą giętkie, ale nie lepkie w środku.

88. Ciasteczka owsiane figowe

Wydajność: 2 tuziny ciasteczek

Czas przygotowania: 10 minut, plus 1 godzina schładzania

Czas gotowania: od 12 do 14 minut

SKŁADNIKI

1½ szklanki mąki uniwersalnej

1 łyżeczka proszku do pieczenia

½ łyżeczki soli

3 filiżanki staromodnych płatków owsianych (aby uzyskać bardziej miękkie ciastko, zmiksuj połowę płatków owsianych w blenderze na drobno zmielone)

1 szklanka masła zmiękczonego do temperatury pokojowej

1 szklanka zapakowanego brązowego cukru

½ szklanki cukru pudru

2 jajka

1 łyżeczka ekstraktu waniliowego

1 szklanka uwodnionych fig, pokrojonych na kawałki

DOJAZD

1. Rozgrzej piekarnik do 350 ° F. Blachy do pieczenia wyłożyć papierem do pieczenia.

2. W dużej misce wymieszaj mąkę, proszek do pieczenia i sól. Dodać owies.

3. W innej dużej misce ubij masło i cukry ręcznym mikserem. Dodaj jajka i wanilię, a następnie ponownie śmietanę.

4. Dodaj mieszankę mąki do płynu, a następnie mieszaj, aż się połączą. Dodaj uwodnione kawałki figi.

5. Schłodź ciasto na 1 godzinę lub na noc.

6. Umieść łyżki wielkości łyżki na blachach do pieczenia, oddzielając ciasteczka 2 cale od siebie. Piecz przez 12-14 minut, aż ciasteczka lekko się zrumienią.

MARYNADY

89. Sos ranczo czosnkowy

SKŁADNIKI:

1 łyżeczka sproszkowanego czosnku

2 łyżki majonezu

2 łyżeczki musztardy Dijon

2 łyżki świeżego soku z cytryny

Sól i świeżo zmielony czarny pieprz do smaku

DOJAZD

Wymieszaj wszystkie składniki w misce sałatkowej.

Wymieszaj z sałatką i podawaj.

90. Sos z czerwonej cebuli i kolendry

SKŁADNIKI:

1 łyżeczka drobno posiekanej czerwonej cebuli

½ łyżeczki drobno posiekanego skrystalizowanego imbiru

1 łyżka blanszowanych i posiekanych migdałów

2 łyżeczki sezamu

¼ łyżeczki nasion anyżu

1 łyżeczka mielonej świeżej kolendry

⅛ łyżeczka cayenne

1 łyżka octu z białego wina

1 łyżka oliwy z oliwek z pierwszego tłoczenia

DOJAZD

W małej misce wymieszaj cebulę, imbir, migdały, sezam, anyż, kolendrę, cayenne i ocet.

Wymieszaj oliwę z oliwek, aż dobrze się połączy.

91. Dilly ranczo z kremowym dressingiem

SKŁADNIKI:

2 łyżki majonezu

1 łyżka drobno posiekanego świeżego koperku

1 łyżka octu z białego wina

1 łyżeczka musztardy Dijon

DOJAZD

Wymieszaj wszystkie składniki w misce sałatkowej.

Wymieszaj z sałatką i podawaj.

92. Gorący sos cha cha

SKŁADNIKI:

1 łyżka oliwy z oliwek z pierwszego tłoczenia

1 łyżka majonezu

2 łyżki salsy łagodnej lub gorącej

¼ łyżeczki świeżo zmielonego czarnego pieprzu

⅛ łyżeczka mielonego kminku

1 łyżeczka sproszkowanego czosnku

¼ łyżeczki oregano

Cayenne do smaku (opcjonalnie)

Sól i świeżo zmielony czarny pieprz do smaku

DOJAZD

Wszystkie składniki dokładnie wymieszaj w małej misce.

Smakuj i dostosuj przyprawy.

93. Vinaigrette w stylu Cajun

SKŁADNIKI:

2 łyżki octu z czerwonego wina

½ łyżeczki słodkiej papryki

½ łyżeczki musztardy zbożowej Dijon

⅛ łyżeczka cayenne lub do smaku

⅛ łyżeczka (lub mniej) substytutu cukru, opcjonalnie lub do smaku

2 łyżki oliwy z oliwek z pierwszego tłoczenia

sól i świeżo zmielony czarny pieprz do smaku

DOJAZD

Wymieszaj wszystkie składniki w misce sałatkowej. Smakuj i dostosuj przyprawy.

Ułóż sałatkę na wierzchu, wrzuć i podawaj.

94. winegret musztardowy

SKŁADNIKI:

2 łyżki oliwy z oliwek z pierwszego tłoczenia

2 łyżeczki musztardy ziarnistej

1 łyżka czosnku w proszku

½ łyżeczki przygotowanego chrzanu

2 łyżki octu z czerwonego wina

¼ łyżeczki cukru

Sól i świeżo zmielony czarny pieprz do smaku

DOJAZD

Wymieszaj wszystkie składniki w misce sałatkowej. Smakuj i dostosuj przyprawy.

Włożyć z sałatą i wymieszać tuż przed podaniem.

95. Vinaigrette imbirowo-pieprzowy

SKŁADNIKI:

1 łyżka octu ryżowego

¼ łyżeczki cukru

1 ząbek czosnku, drobno posiekany

½ łyżeczki drobno posiekanego świeżego imbiru

¼ łyżeczki pokruszonych suszonych gorących chili

¼ łyżeczki suszonej musztardy

¼ łyżeczki oleju sezamowego

2 łyżki oleju roślinnego

DOJAZD

Wymieszaj wszystkie składniki w misce sałatkowej. Smakuj i dostosuj przyprawy.

Ułóż z sałatą i wrzuć tuż przed podaniem.

96. winegret cytrusowy

SKŁADNIKI:

1 łyżka świeżego soku z cytryny

1 łyżka świeżego soku z limonki

1 łyżka świeżego soku pomarańczowego

1 łyżeczka octu ryżowego

3 łyżki oliwy z oliwek z pierwszego tłoczenia

½ łyżeczki cukru

Sól i świeżo zmielony czarny pieprz do smaku

DOJAZD

Wymieszaj wszystkie składniki w dużej misce sałatkowej. Na dressing ułóż liście sałaty.

Wymieszać tuż przed podaniem.

97. Biały pieprz i goździki pocierać

SKŁADNIKI:

¼ szklanki białego pieprzu

1 łyżka mielonego ziela angielskiego

1 łyżka mielonego cynamonu

1 łyżka cząbru mielonego

2 łyżki całych goździków

2 łyżki mielonej gałki muszkatołowej

2 łyżki papryki

2 łyżki suszonego tymianku

DOJAZD

Połącz wszystkie składniki w blenderze lub robocie kuchennym.

Przechowywać w słoiku z ciasno przylegającą pokrywką.

98. Chili suche pocierać

SKŁADNIKI:

3 łyżki czosnku w proszku

3 łyżki papryki

1 łyżka chili w proszku

2 łyżeczki soli

1 łyżeczka świeżo zmielonego czarnego pieprzu lub do smaku

¼ łyżeczki cayenne

DOJAZD

Zmiel mieszankę przypraw w robocie kuchennym lub blenderze lub użyj moździerza i tłuczka.

Przechowywać w słoiku z ciasno przylegającą pokrywką.

99. Mieszanka przypraw Bourbon

SKŁADNIKI:

2 łyżki papryki

1 łyżka cayenne

1 łyżka suchej musztardy

2 łyżeczki soli

2 łyżeczki świeżo zmielonego czarnego pieprzu

2 łyżeczki proszku czosnkowego

2 łyżeczki mielonej szałwii

1 łyżeczka białego pieprzu

1 łyżeczka cebuli w proszku

1 łyżeczka mielonego kminku

1 łyżeczka suszonego tymianku

1 łyżeczka suszonego oregano

DOJAZD

Wymieszaj wszystkie składniki w małej misce.

Przechowywać w słoiku z ciasno przylegającą pokrywką.

100. Łatwe octy ziołowe

Wydajność: 1 porcja

SKŁADNIK

4 gałązki świeżego rozmarynu

KIERUNKI:

Aby zrobić ocet ziołowy, wlej opłukane i wysuszone zioła i wszelkie przyprawy do wysterylizowanej butelki wina o pojemności 750 ml i dodaj około 3 filiżanek octu, wypełniając do $\frac{1}{4}$ cala od góry. Zatrzymaj się z nowym korkiem i odstaw na 2 do 3 tygodni do zaparzenia. Ocet ma trwałość co najmniej 1 rok.

Z octem z czerwonego wina użyć: 4 gałązki świeżej pietruszki kędzierzawej, 2 łyżki czarnego pieprzu

WNIOSEK

Prawdopodobnie powinniśmy podziękować społeczności podróżującej z plecakiem za odrodzenie się odwodnionej żywności. Zapotrzebowanie na proste, lekkie i pożywne posiłki stworzyło zapotrzebowanie na paczkowane owoce, warzywa, dodatki i dania pełnodaniowe, a także ponowne zainteresowanie urządzeniami do suszenia i innymi sposobami suszenia żywności. Te nowe dania gotowe można znaleźć w każdym sklepie spożywczym i na świeżym powietrzu i są znane z łatwego przygotowania i szybkiego gotowania. Smak poprawił się tak bardzo, że uznalibyście go za dobry obiad. Współcześni przygotowywacze podjęli to wyzwanie o krok dalej, ucząc się produkować, przechowywać i obracać rocznymi zapasami jedzenia we własnej, przygotowanej spiżarni.

Ten przewodnik nauczy Cię podstaw odwadniania owoców, warzyw i białka; podaje szczegółowe informacje o suszeniu 50 rodzajów owoców i warzyw; i dzieli się sprawdzonymi i uwielbianymi przez rodzinę przepisami do codziennego użytku. Wszystko, czego potrzebujesz, aby nauczyć się zaopatrywać własną zdrową, stabilną na półkę spiżarnię, jest wliczone w cenę.

www.ingramcontent.com/pod-product-compliance
Lightning Source LLC
Chambersburg PA
CBHW070654120526
44590CB00013BA/954